四个人的旅行

车轮丈量欧洲
旅行见证快乐

人物：四个不安分的女人 事件：出游
目的地：欧洲 结果：开心四十天，扫荡欧罗巴

李立风 著

内蒙古出版集团
远方出版社

图书在版编目(CIP)数据

四个人的旅行/李立风著. – 呼和浩特：远方出版社, 2011.1

ISBN 978-7-80723-581-1

Ⅰ.①四… Ⅱ.①李… Ⅲ.①旅游–基本知识 Ⅳ.①F59

中国版本图书馆CIP数据核字(2011)第014438号

四个人的旅行

策　划	陈莎莎
著　者	李立风
责任编辑	敖登格日乐　张宇
封面设计	严　潇
版式设计	韩　芳
出版发行	内蒙古出版集团　远方出版社
社　址	呼和浩特市乌兰察布东路666号 (电话 0471-4919981　邮编 010010)
经　销	新华书店
印　刷	北京中达兴雅印刷有限公司
开　本	700×1000　1/16
印　张	14.5
字　数	120千
版　次	2011年3月第1版
印　次	2011年3月第1次印刷
书　号	ISBN 978-7-80723-581-1
定　价	28.00元

远方版图书，印装错误请与印刷厂退换

目录

荷兰

德国

奥地利

德国

法国

法国

北欧

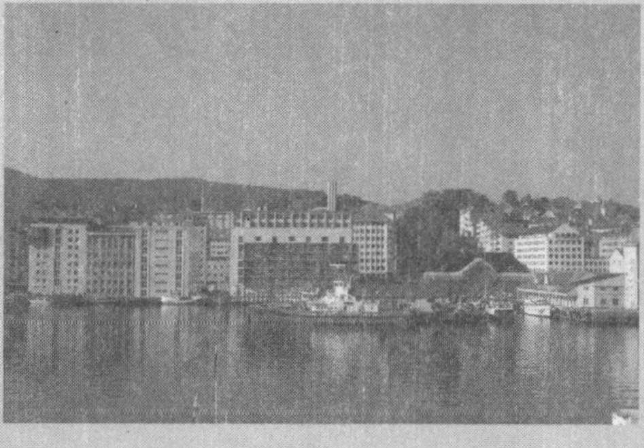

序

本书作者，同时也是书中人物之一的"神女"李文凤，是我的老领导。做过北京电视台的资深制作人，她比我来到《夫妻剧场》还早。那是在这个节目做到八十多期，科教频道决定改版的时候，她亲自决定启用我这个主持新人。从此我们在一起工作了许多年，做了许多期好节目，也吃了许多顿好饭。我还给她的子女主持过婚礼，她也给我的电视剧串出演过角色。总之我们一起渡过了许多好时光。因此她不能仅仅算做我的领导，也是我的好朋友。

但我竟不知道这位老朋友还是个旅游迷，有着这种当代年轻异类才该有的"不去会死"的周游狂热。对于我这种"挪挪地方就发慌"的懒人，她这是为什么呢？图什么劲的？据说秘密都在这本书里。

我打算好好翻一翻这书。

[illegible]

2010.12.15

起因……

一个天高云淡的秋天，几个不安分的人聚在一个住别墅的朋友家，打着观赏红叶的名义，旨在蹭一顿好吃的。等着开饭的工夫，聊起了“人家欧洲”，不知是谁起意亲临那里考察一番，得到众人的一致赞同。按说忽悠过去也就算了，却让几个没见过世面的人上了心：宋二苗属于每个周末不出去撒野就要犯病的人；李立风只要闲24小时以上，不上房揭瓦屋里家具也得换方向；田小蕙是一根筋认准了欧洲是全世界最浪漫的地方；田梅属于给点阳光就灿烂，谁都别招着她的玩性……还有郭旋、老武、刘振东之流，这几个人凑到一起，没什么不敢想，没什么不敢干的，只唯恐中东不打仗，全球不变暖。

接下来就是把忽悠变成事实。这中间必然遭到一系列困难，首先德国使馆对这几个看起来不太正常的人的异想天开表示了质疑，委婉地拒绝了，因而一些“忙人”借机退居了二线。剩下四个不撞南墙不回头的神叉又跑到法国使馆碰运气，一个和善的法国女孩那天正赶上犯迷糊，居然给这四个人全发了签证，而且是申根国家40天！尽管宋二苗同志口误说她一个月只收入2000块钱，那女孩一时发蒙，居然没问2000块钱玩什么欧洲？她大概当成欧元了。

签了证，田梅就见天趴在电脑前，订机票，订旅馆，看地图，订路线，租车……其投入程度忽略了她老公和女儿，差点酿成家庭暴力（作者想象的）。

于是谁都不相信能办成的事情，就这样办成了。

神叉履历

左起：宋二苗、田梅、李立风、田小蕙

神叉一——田小蕙：身份不明。虽为中国影协高级编辑，但时而混迹在北京电视台某栏目；时而担当某不知名电影的制片人；时而统筹某未上映电视剧剧本……由于满脑子浪漫，导致至今独身。是驾车欧洲行的热心鼓动者。

神叉二——李立风：不务正业者。当着北京电视台著名栏目制片人的同时，想方设法游山玩水，曾经九下新疆，三次穿越塔克拉玛干，为对公款旅游有所交代，随手拍了些片子，却居然混了个威尼斯电影节奖。好容易熬到55岁退休，更肆无忌惮，半年之内竟三次出国。是这次“扫荡欧罗巴”的坚定倡导者。

神叉三——宋二苗：英年退休下海游泳者。凭其能力在开放搞活政策下本应成为先富起来的人，但心有旁骛，热衷于周游列国，跑马飙车，践踏长城……以致至今月收入仅“2000元”，虽然“挣扎在贫困线上”，但听说开车玩欧洲，两眼放绿光。

神叉四——田梅：某国公司中国代理，经营项目不详。没上过正规大学，凭着不差的智商情商，和自学的一口流利英语，把生意做到了美利坚和以色列，成功进入“准富人”行列……其人除了爱好吃喝，就是终日拿着地图填空，如今居然在五大洲打了不少“到此一游”的红叉子。她是此次行走欧洲的全权策划者。

（在中国丰富的人物称谓中，“神叉”特指那些精力旺盛，阅历丰富，出语惊人，行事出格的人物。给去欧洲的四位行者冠以“神叉”之名，比较贴切。）

令人向往的计划……

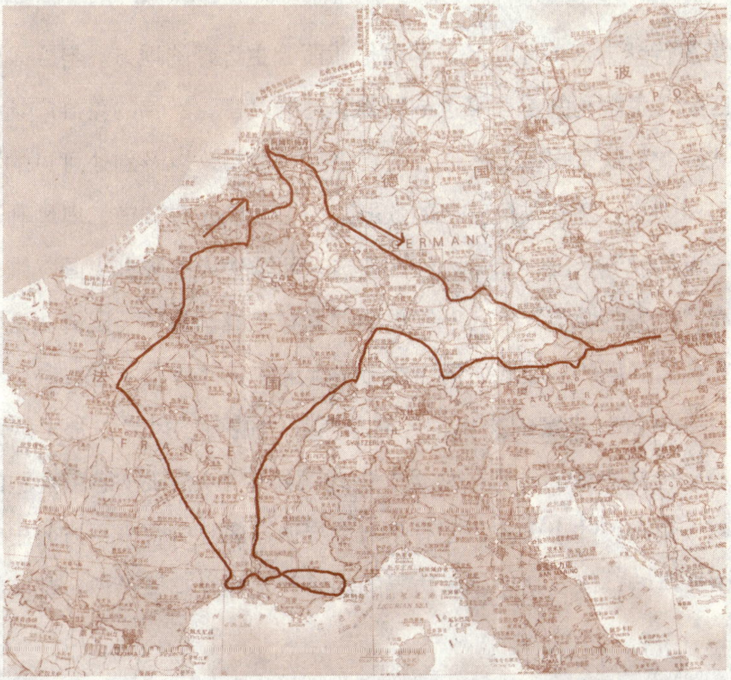

出游线路图

这次出游，首站是7年前我参加电影节去过的地方，曾经称霸海上的帝国——荷兰。那次忙于工作，匆匆地只在阿姆斯特丹逗留了一天，至今对环绕老城的运河十分怀恋。这次除了阿姆斯特丹我们还要去海牙看看著名的国际法庭，要在有“荷兰威尼斯”之称的羊角村悠然泛舟，并再度领略威武壮观的风车阵，品尝多种口味的奶酪，试穿传统的荷兰木鞋……还要了解“海盗的后裔”如何填海造田，生生扩大了自己国家的版图。他们如何发明了油画并孕育了一大批像梵·高这样世界级的美术大师，又如何让美丽的郁金香誉满全球。

之后，我们将驾车东去进入德国。首先朝拜欧洲哥特式建筑的顶峰之作——科隆大教堂；然后抵达坐落在美茵河畔的法兰克福，感受德国经济命脉的心跳；接着进入保存完好的中世纪小城罗腾堡，把脑海中的童话世界变成现实。

继续东行就进入奥地利了，那也是茜茜公主远嫁的地方。与强大的奥匈帝国相匹配，奥地利的首都维也纳有着辉煌的夏宫，宏伟的英雄广场，高大的哥特式教堂与藏有很多艺术珍品的巴洛克式教堂，以及到处可见的罗马式建筑与雕塑喷泉，还有久负盛名的歌剧院……我们还想知道，奥地利这个曾经不可一世的欧洲帝国，如今为什么变成东西欧边缘的弹丸小国？维也纳为什么冠有“忧伤的城市”之名？维也纳的森林怎样孕育了“圆舞曲之父”施特劳斯？音乐摇篮萨尔茨堡如何培养出少年天才莫扎特？

奥地利不仅有丰富的文化，还有非常美丽的自然风光，那里的森林、湖泊纯净到世界之最。《音乐之声》中玛丽娅带着7个孩子恣意奔跑的大草甸，呈45°角爬坡的小火车，还有列入世界遗产名目的仅一平方公里的悬崖小镇哈尔斯塔特，以及站在德奥边界的颠峰远观14个高原湖泊，都实在令人向往。

离开奥地利我们掉头奔西，再度进入德国，将驰骋两千公里，扫尽德国南方的人文遗址与自然风光。德国农家是一定要住的，农家饭是一定要吃的。还有那个过目难忘的电视画面：飞机掠过悬崖，一座矗立在峭壁上的美丽城堡缓缓移动，那伸向天空的尖顶拨动着飘浮的云彩，一池碧水辉映着城堡的倒影……那是新天鹅堡，德国路易二世的杰作。这个政治上失意的君王把全部心血与才华都倾注到这个宫殿中，使这个悬崖上的城堡成为今天德国旅游的最热门景点。还有坐落在巴伐利亚丘陵上的巴登·巴登，因为那一片黑森林与出色的温泉，使它成为全欧洲人最钟爱的度假胜地。

告别德国我们将进入法国，途径工业城市里昂，革命城市马赛，一直驱车南下到法国著名的蓝色海湾区。蓝色海湾镶嵌着热那亚、尼斯、戛纳、摩纳哥等熠熠发光的明珠，地中海也因此而炫耀。那里明媚的阳光与细软的沙滩是欧洲人捧在掌心的瑰宝。由于戛纳每年的电影盛会，摩纳哥免税政策对富人投资的吸引，更使蓝色海湾汇集了世界上最出风头的男女，因而人气鼎盛。

法国南方的普罗旺斯地区是必去的地方，阿维尼翁有罗马时期最宏伟的皇廷和半段残桥，尼姆有保存完好的斗兽场，高龄的加尔桥还健在，那可是两千年前罗马人修筑的水利工程，其设计精巧与坚固程度让当代科学家也瞠目不已。普罗旺斯是驰名世界的葡萄酒产地，那里有大片葡萄园，传说法国泰伯四世公爵从十字军东征队伍归来，带回一些莎当妮葡萄种籽在法国南方栽培，繁殖了最甜美的葡萄，连国王都很喜欢。我们还听说到了夏天，普罗旺斯漫天飘散着香气，香气令人晕眩，那是铺天盖地的熏衣草成熟了。就近着香料产地，在一个叫戈拉斯的山坳小城，聚集了十家世界排名前列的香水厂，驰名的法国香水由此源源不断销往全球。

而去到普罗旺斯，必须开车翻过南阿尔卑斯山。这座欧洲名山，因山势险峻，风光奇丽而闻名世界，听说途经的韦尔东大峡谷美到令人震惊。四个“准老太”跃跃欲试，至于会遇到什么困难，是否有能力顺利穿越，我们心里并没底。

接着是长途奔袭，穿越中央高原的鲁贝隆山区，法国的国家自然保护区就在深山之中，穿越高原会有什么样的奇遇，不可知却也是期盼的。

法国的文化精髓集中在中部的卢瓦尔河谷，这个地区以宏伟壮观的文艺复兴时期的城堡与宫殿闻名，它们放射般地像珍珠一样散落在图尔城周围。这是枫丹白露的新星升起之前法国政治文化的中心。欧洲的城堡从卢瓦尔河谷开始，从防御走向奢靡的享乐。

接着自然是枫丹白露，当然要观瞻凡尔赛宫，法国近代的王宫。

首都巴黎是我们此行的华彩，也是我的故地重游。法国人似乎把所有艺术创意都用于巴黎，而巴黎又把其精华集中在塞纳河沿岸：卢浮宫、凯旋门、巴黎圣母院、协和广场、埃菲尔铁塔、国会……这些想想就让人激动的名词，还有塞纳河上几十座形态各异的桥。漫长的法国旅途到巴黎将会有一个功德圆满的收获。

离开巴黎当然要顺路看看比利时的于连，那个用童子尿浇灭了敌人毁城炸药的小男孩。

当再度回到阿姆斯特丹时，我们要归还坐驾，短暂休整，准备背包北上，开始为期10天的北欧之旅。有意思的是我们将与背包族的小青年们同锅吃饭，男女混搭同居一室，令人兴奋的安排。

10年前我在北欧小国丹麦采访过，不仅对这个国家教育的先进与经济的富足有深刻体验，还觉得安徒生的故乡与他书中的童话世界高度疑似，安徒生应该是个“写实主义”的童话作家吧？还有，他笔下的美人鱼多次被“艺术爱好者”窃走，不知如今是否还跪坐在哥本哈根的海边？

狭长的像条鱼的挪威有着漫长的海岸线，鱼的尾部伸入北极圈，是个高纬度国家，此时正值日不落的夏季。首都在中部的奥斯陆，游客们却一定不会忘记去北方的卑尔根，那个城市全城列入世界文化遗产名录，因着那里有世界上最长的峡湾，有依山而建的小木屋，还因着海水深蓝而使整个城市湮蕴在蓝色的雾蔼中。

瑞典是北欧大国，经济发达，福利优厚，首都斯德哥尔摩是北欧交通的枢纽。那里的皇宫前每天还演绎着过去的士兵交接仪式……

第四十天我们将回到阿姆斯特丹，整理行李回国前，会去荷兰的朋友家做客，丰盛的鱼宴等着我们。

等飞机飞上返程的天空，我不知道，我们的心多久才能从欧洲大地收回来……

荷兰篇

我们沿着荷兰羊角村弯弯的河道一路行走，清新的空气和逼人的美景扑面而来，水面倒映着一幢幢芦苇顶棚的小屋，每家都是鲜花盛开……

神叉出发

机场就像老朋友，一段时间不见面就想念，到机场意味着又要“出发”，“出发”这个词汇令人兴奋。飞机飞去的地方充满了新鲜与未知，或许还有危险，而这一切都挑战着平庸的生命，为它注入非凡的活力。

带着同样兴奋的心情大家开始办理手续，工作人员听说四个“准老太”自驾车玩欧洲，惊诧又羡慕。我们每个人都知道，这种玩法对于我们，恐怕这辈子只有N次，所谓年龄不饶人，所以“出游要趁早”。这点二苗体验得最深刻，所以在实际行动上她比我们更彻底。这小子去年玩了一个月美国，前年是新西兰，明年想俄罗斯……

几天前四个神叉开了一次会，要求尽量精简行李，因为四人一车已经满员，东西多怕放不下，另外要带一些“粮草”，以抗拒欧洲物价的昂贵。我带了30包方便面，田小蕙带了40袋榨菜，田梅居然带了酱油，二苗带的最全，汤料、咸菜、豆腐干、香油、咖啡，居然还有黄酱！就差没拿炒菜锅了。这哪是旅游团，纯粹是伙食团。除了“粮草”，好美的一群老太太还在包里装了不少华而不实的纱巾、“葱皮”（菲薄的短袖衫）、化妆品、墨镜之类，实用的厚衣服除了我和二苗，其他二位均没预备，以至一下飞机田小蕙就冻得差点病了。

漫长的飞行照例是难耐的，但有两点没想到，一是南航饮食过差，而且也没有各位期望的小玻璃杯（去越南时在座的每位都“顺”了不止一只印有荷花的精致玻璃杯），二苗居然看上了飞机上的毯子，遭到我的训斥：“毯子有什么用，哪有小枕头实惠？”当然全部“未遂”。第二是没想到价格如此便宜的南航却给我们四人每人留了一趟长椅，完全可以“撂平”，于是众人大喜，纷纷撂倒。

说来也怪，我们在欧洲共坐了八次飞机，除了回京没有多余座位，其他七次在满员的前提下，全为我们留有可以舒腰展腿的空座，什么命！但由此也把某些人惯出毛病来了，田小蕙乘着“卧铺飞机”居然嫌前边的孩子太吵，真拿经济舱当四星级宾馆了。二苗看着邻座小孩吃水果竟然提出她也要吃，理所当然地被乘务员回绝。夜里我起来上厕所，见这三位乍着头发，横平竖直，睡得那叫一个没心没肺……

9小时飞行后，阿姆斯特丹到了。这个北欧国家简化了一切手续，连个海关入境都没有，哪像当年新西兰还得开箱翻包。我们大摇大摆到了行李提取

俯瞰欧洲大地

处，没想到却在这耽误了将近两个小时。正值阿姆斯特丹下雨，按照荷兰的规定，雨天不得室外作业。因此少数搬运行李的工人享受到了这项人性化的关照，而多数乘客却无尽无休地等着雨住天晴……要说荷兰还真给面子，雨并没有下个一天一夜。两小时后就停了，运送带开始把各位的行李往外转。但直到最后田小蕙的箱子还没出来，大家都有点急，莫非第一天开始就不顺，我可是在富士山上烧过香的呀。我指着运送带上最后一只箱子问田小蕙："你确定这不是你的？"拔脚就要找南航去算账。只见田小蕙直眉瞪眼死瞅了两眼运送带，一溜小跑追过去："呀，这就是我的箱子……"就这，还玩欧洲哪！

郁金香的国度

荷兰是欧洲的交通枢纽，阿姆斯特丹机场的吞吐量非常大，又与火车地铁相连，上上下下出口众多，电梯和滚梯也多，不辨东南西北的人在里面能

运河上的阿姆斯特丹老城

转晕了。这时田梅的作用开始发挥——问路。从这时开始，她就是我们的嘴，众人没有了嘴，就自然地“沦落”为被领导的地位。

我们“下塌”的自行车旅馆

到阿姆斯特丹我们乘坐的第一个交通工具是火车，火车的班次很多，也很准点，进城的十几分钟一趟，十几分钟就能到达市中心。可以先买票也可以在车上买。车里人不多很干净，为方便残疾人上下车还设有专门的轮椅通道。

我们此行的原则是“走小镇，住小店”。既为便宜也为情趣，当然该到的大城市也不会落下。当晚我们住进事先预定好的Bicycle Hotel，是个星级自行车旅馆，据说是此行较贵的旅馆，每人每天38欧元呢。它坐落在市中心一条狭窄干净的巷子里，门脸极小（这是荷兰房屋的特点之一），但在高高的楼体上悬挂着两辆自行车和HOTEL的字样，目标显著。

我们四人共住一间房，在二楼。楼梯巨陡，犹如攀岩，台阶又窄，穿多小号鞋都得侧着下脚，空手走还得小心翼翼，提着箱子别提多费劲了。田小蕙早就在“悬崖”当间喘成一团。我心里纳闷，荷兰人以高大彪悍著称，怎么偏偏喜欢窄门窄窗窄楼梯?

进得门来倒吸一口凉气，三张单人床亲密无间地并排码放成一大铺，周边只余一人行走的量，一步就能跨入一个仅两三平米的洗手间，而另一张窄窄的高低床则严丝合缝地放在一个一米宽的阳台上。据说这是5个人住的，让我们4人住占大便宜了。荷兰人民真成!

我们居然给4个箱子都找到了安放之地，但箱子打开，肠子肚子摊一地，人们行动就得像练杂技，稍一闪失说不定会踩在谁的细软上。为避免拥挤，我自觉地到楼道里的洗手间去方便。谁成想关上门竟再也打不开，在约一平米的空间呼天不应叫地不灵，20分钟才被同伴听见，喊来一个荷兰男人，改锥、锤子一通乱凿，才把朕从超级“小号”中解救出来……

当好歹洗涮完毕，全体码放在大炕上（田梅自告奋勇睡阳台，但没栏杆的上铺断断不敢睡），才觉得这屋子还有点喘气的空间。这时4张脸才有工夫同时转向窗外，想跟荷兰的月亮打声招呼，窗外是黑漆漆的一片，没月没星也没灯，既然浪漫不成，合眼，睡觉。

二苗是出了名的觉少，加上时差她3点就起来了，和同样睡不着的田小蕙小声说话，弄得大家全醒了，她俩还一脸无辜假装道歉，愤怒得我和田梅隔着床就把枕头抡了过去。

全体立起来屋里顿显拥挤，一行人只好出门。旅馆还是静悄悄的，大门紧锁，也不知什么机关管着，拉开栓也打不开。我还就不信了，荷兰的门户再严实也得让人出去呀。我鼓捣了半天，拽下弹簧掰开插销，只听“嘎哒”一声，门开了，全体欢喜地鱼贯而出，门又“咣当”撞上了。没想到由此铸就了一个错误。

等我们在街心花园围着一滩积水狂拍一气，又摸鱼捉虾似的比划了半天太极拳，刚5点多钟，这在荷兰还算凌晨呢，我们只好又回到旅馆。谁知那门怎么按密码也打不开了。荷兰别看窗户小门窄，但厚实又隔音，怎么叫喊里面就是听不见，神叉们只好在门口立等来人。虽是夏季，阿姆斯特丹的雨后清晨温度只有15℃左右，大家都是短打扮，一个个缩脖抱肩，原地踏步，不一会就都冻得青面獠牙了。

一直扛到7点多，工作人员来上班，却同样打不开门。我还嘟嘟囔囔地抱怨“什么破门”。工作人员从旁门左道进去把门打开，纳闷地说：“昨天还好好的，谁把这门锁给拆了？”那三个人齐刷刷地把愤怒的目光投向我，我立刻转过头去佯装没看见。自己心里说，就这，还玩欧洲哪！

荷兰位于欧洲北部，天空低垂，平原辽阔，部分地方还处于海平面以

夕阳中的阿姆斯特丹一角

下，所以又称“低地之国”。面积4.18万平方公里，比海南大点有限。人口1620万，比北京多点有限。尽管人口不多，国土面积也不大，但荷兰在欧洲的影响却不容小视。人们不会忘记，17世纪荷兰凭其海上帝国的地位以及与西班牙的联盟关系，曾是欧洲大陆称雄一时的霸主呢。

如今荷兰不仅在经济领域拥有相当的影响力，在其他方面也十分突出，具有荷兰特色的社会模式，国家治理上体现出的以宽容豁达为主流的思想，阿姆斯特丹的市政生活，群星璀璨的艺术和文学，这些无不造就了荷兰在欧盟中的地位。

大风车是荷兰的国粹，因为地势低，从17世纪开始，他们发明了在风车上增加千斤顶的技术，大大提高了抽水能力，然后他们开始了大面积的围海屯田。难以想象，有20%的荷兰国土居然是从大海中夺来的，其中弗来沃兰德整个省都是淤地。荷兰人民向大海要国土，生生扩大了自己的版图。今天在荷兰国土上还树立着100座风车，它们是荷兰人民创造力的象征。当然老式风车已经很少了，其中19座还被列为世界遗产，为保护它们，荷兰民间还专门设有风车协会。

自行车轮下的阿姆斯特丹

阿姆斯特丹是荷兰的首都，纵横交错的运河贯穿其中，使整个城市都荡漾在水波潋滟中，非常美。阿姆的老城很有特点，窄窄的巷子，沿河的房子，大都是公交车不能延伸到的地方，所以玩阿姆最好骑自行车。阿姆斯特丹的道路专设有自行车道，这在欧洲很少见。火车站和繁华地带都有自行车出租点，一辆车每天5~7欧元。我们住的就是自行车旅馆，它本身就有可以租用的车。荷兰的自行车没有变速器和手刹，都是倒轮闸。

但问题又来了，田小蕙患有“自行车恐惧症”。据说刚学会骑车时摔了一狠跟头，从此见自行车绕着走。如果大家陪着她坐车，阿姆斯特丹只能逛一表面，好玩的全玩不着，如果把她一人留下，我们又于心不忍，再说她也不懂英语，估计连个男女厕所都问不出来。田小蕙见我们为难，鼓了鼓勇气说豁出去跟大伙一块骑车，但说要一辆矮车，并且骑得要慢。这都好办，我们给她找了一辆车，矮到双脚能直接站地上，我们在前边慢到三步一回头，五步一下车，以半个小时一公里的速度向前“顾蛹”。我们一行人走走停停，严重地妨碍了自行车道的行进速度，要说荷兰人民素质真不错，没人按铃死催，一些着急赶路的小青年只是吹着口哨从我们身边刷刷地擦身而过，真潇洒。

快到路口时，田小蕙提前做好了往下蹦的姿态，不知怎么一紧张，随着“哎呀哎呀……咣当”的声音，田小蕙已经仰面朝天倒在马路牙子上了，旁边自行车轮子还在旋转。我赶紧拉她起来，拽了半天纹丝不动，躺在地上一个劲哎呦，把我吓坏了。正在这时，一个过路的帅小伙向田小蕙伸出了“荷兰雷锋”的援手，田小蕙把我甩开，将自己的胳膊果断地送向帅小伙，借势“噌”一下就站起来了，看得我目瞪口呆。田梅一边推着车往回跑一边唠叨“咱不骑了，这要摔坏了谁负责呀？”我和二苗也含糊了，毕竟安全第一。

田小蕙，是“北京人艺”著名导演田冲的“千斤”，虽然打小娇生惯养，但她是湖南人，湖南人的执着与倔强地球人都知道。她这一跤倒摔出勇气来了，直表示要“再试试”。记得她第一次到《夫妻剧场》做节目，因为不熟悉路数第一期做得并不好，但她凭着湖南人的韧劲，不厌其烦，反复修改，直到我认为不用这样的编导简直是电视界的一大损失为止。58岁的老太太真跟自己较上了劲，一路死跟居然没怎么掉队。

阿姆斯特丹的运河真是美，河道不宽，河水清澈，千姿百态的小桥连接着依河而建的街道与房屋，你中有我我中有你地浑然一体。天阴，却透亮，因为不是雾蒙蒙的天，而是真正的云，深灰浅灰地很有层次，飘移着，翻卷着，淘气地与太阳捉迷藏。于是阳光时而遮遮掩掩，时而奔放地四射，河水也就一会碧波幽幽，一会金光粼粼。河面上倒映着红红绿绿童话世界般的房屋，一只小船驶过，打破了这幅图画，犹如颜料融合为斑斓的五彩，涟漪过后画面渐渐再度清晰。拂面的河风吹过来了，教堂的钟声响起来了……这一切令神叉们心情大好，纷纷立存此照。

荷兰是一个议会制君主立宪国家，根据荷兰宪法，君主有权任命首相，行政权归政府，立法权归议会：君主、政府、议会三权分立。荷兰是个高度开放的国家，各色商品应有尽有，各种文化和理念相互碰撞，相互融合。这种宽容也体现在国家的治理上，色情场所从2000年开始可以合法经营，同性恋者可以结婚，安乐死在某种情况下可以被接受，成年人允许进入经申报的咖啡

荷兰也是自行车王国

荷兰嬷嬷

店，服用不超过5克的软性毒品。但总体上荷兰人民素质较高，风尚健康。

而不健康的是某些人，二苗同学一上街就张罗着要去红灯区看“金鱼”，田小蕙眼中也充满了期望。我和田梅因为来过荷兰觉得没什么看头，但二苗居然表达出“许你看就不许我们看”的意思，我也就不好再反对了。

阿姆的红灯区是这样一种形态，在沿河两边的旧式建筑里，妓女们各自站在一个个玻璃橱窗里，摆各种姿势明码标价地招揽生意，好像一排排的金鱼缸。嫖客从外边浏览，看上哪位推门进入，拉上帘就开始营业。这是阿姆斯特丹的一景，甚至成为旅游项目。在二苗的撺掇下，田梅明目张胆见人就问红灯区，弄得不少人目光疑惑。后来一个姑娘对她说，这不是荷兰人的骄傲。于是神叉们又改为打听中国城了，因为地图上红灯区就在中国城边上。白天的红灯区慵懒杂乱，街上尽是垃圾，估计多数“金鱼”还在睡觉，只有几个肥胖的“黑鱼”穿着短裤满大街溜达，给人肮脏的感觉。我们赶紧撤离了这个地方。

街边上有个卖哈林鱼的小摊，这也是荷兰的一个特色，哈林鱼是荷兰海

城内时有观光的马车驶过

域特有的鱼类，肉极其鲜嫩，约三寸长，把新鲜的哈林鱼用盐腌一下，吃时佐以切碎的洋葱，美味之极。说来有意思，荷兰在历史上曾是欧洲经济的强国，而其初始阶段竟是靠贩卖哈林鱼起家的。吃哈林讲究用手高高提着鱼尾整条直接入口，这是当年海盗的吃法，很有气势。神叉们在吃的方面全是天才，无师自通，吃得都很地道。

荷兰是个鲜花的王国，玫瑰、紫罗兰、番红花、风信子、百合花全年轮番开放，每年的春天荷兰会变成一个五颜六色的大棋盘，当然最有名的还是荷兰的国花郁金香。郁金香非常适合在北海沿岸的沙质土壤中生长，17世纪开始，荷兰人种植郁金香取得了很大成功，如今郁金香成为荷兰的象征。阿姆斯特丹的运河边有一个很大的鲜花市场，这里每天的鲜花销售量达到数万枝。从长长的鲜花长廊走过，赏心悦目，香气袭人。我们很是开心。

荷兰有着很多才华横溢的美术大师，在梵·高博物馆收藏着不少他们的作品。跟着田梅就是合适，她懂英文，能翻译每一幅作品的创作背景和风格

运河上的阿姆斯特丹

特色，比咱一人瞎逛强多了。至于她说得口干舌燥那就顾不上了，挺大的人估计她也明白“能者多劳”的道理。

17世纪是荷兰前所未有的艺术繁荣时期，那时的肖像画极其生动传神，以哈尔斯为代表的人物肖像宛若照片。静物描写特别注意细节的真切，那玻璃的质感，丝绸的柔软，青铜的光泽触手可摸。弗美尔的名作《戴珍珠耳环的女孩》，人物塑造和光线处理极其逼真，堪称完美。

馆内还有不少相同主题的风景画——乌云翻滚，海浪滔天，独舟与水手搏击在海上……低垂阴沉的天空是荷兰常有的天气，海上是荷兰人崛起的地方，孤帆搏浪描绘出荷兰生存的危机和不屈不挠的民族个性。

18世纪后，画家们的目光转向平民，出了不少优秀作品，其中一幅一位身材健壮满脸祥和的农妇，操持着家人的晚饭，地上放着牛奶桶，桌上面包土豆应有尽有，表现了荷兰人民向往富足安详的生活理想。

19世纪梵·高一改阴郁的画风，画面转向明快，色彩更加艳丽。后来我们在法国南方普罗旺斯梵·高的故居，对此有更深的体验。

荷兰在欧洲画风上，几乎每个时期都有引领者，也都有传世的作品。我虽不懂美术，但在这样的艺术之海中漫游，也有沐浴身心的感受。

我们的旅馆有个工作人员用的厨房，“公关大使”田梅跟人家关系搞得不错，于是我们得以在这做第一顿饭。我和二苗煮了一大锅方便面，打上鸡蛋，切几片牛肉，放进蔬菜蘑菇，每人发一块豆腐干，就着榨菜，那叫一个香。旅馆值班的是一个暑期打工的姑娘，我们给她端去一碗“杂锅面”，吃得她连说“三克油”。

要说“饱暖思淫欲”真有几分道理，晚饭后二苗非说“白天没看到金鱼缸的好鱼，红灯区没挂红灯那叫什么红灯区？”还要再去。田梅连连摆手，跟她“丢不起那人，再说这一天累的，就想躺着”。我说“你自己去呗”。她说“就不”，不认识路，不通语言，去那儿没伴还不行。二苗缠磨人的功夫赛过美女蛇，威逼人的能力胜过中美合作所，多顽强的人也顶不住。我和田梅只好爬起来。田小蕙一脸羡慕，但因为骑一天车把屁股骑肿了，她得疗伤，否则断然不能舍弃这个机会（骑那么矮的车怎么会把屁股骑肿了呢，至今是个谜）。二苗骑上车就撒鸭子了，把我和田梅甩得老远，田梅一边追一边抱怨：“一说去红灯区她咋跑那么快呢？”

夕阳中的阿姆斯特丹别有一番风情，房屋披上金红的外衣，水光潋滟，树影婆娑，清风迎面。城市节拍开始舒缓，广场街边有许多人惬意地就餐喝咖啡。我们仨骑了一会就坐在河边聊天，每个人都感受到了这个城市的悠闲与诗意。

暮色降临，红灯区体现出阿姆斯特丹两重性的另一面，河水映出两岸的灯红酒绿，岸上人群熙攘，歌舞升平，还有乘红灯船赶来的游人，人群中不乏年轻人，甚至还有孩子。徜徉在这里的每个人都神态坦然，习以为常。“金鱼缸”红灯闪烁，每个橱窗都有一个貌若天仙，酮体诱人，风格各异的美女。真正登堂入室的嫖客并不多，多数人是来感受这种气氛的。遇到哪位美女舞姿优美或艳冠群芳，众人均由衷地给予掌声。夜，真是神奇，它掩盖了白天看到的颓败，制造出梦幻一般的世界，令人疑惑，究竟哪个是真实的呢？世界上有几个以色情业著称的国家，其中泰国的色情带着悲壮的色彩，因为他们是以牺牲一代人来谋求民族的振兴，而荷兰的色情则体现出一种潇洒，一种追求享乐的人生态度。除了“金鱼缸”，与之配套的性工具商店，性博物馆，三级片影院都集中在这里。当然未成年人禁止入内。

看到我和田梅沉浸其中的样子，二苗得意地说：“不白来吧？”确实，白天美城美景美画美食，晚上观赏美人，也是人生难得的福分。

昨天凌晨被二苗和田小蕙搅了早觉，临睡前我和田梅一再照会：严禁早晨说话，醒了自个儿眯着。今天早晨田小蕙的时差还没过去，3点多钟倒是没敢说话，摸摸索索她一个劲地鼓捣塑料袋，那西西索索的声音更刺激。虽然在我们的呵斥下停止了动作，但全体睡意全无。早醒的二苗幸灾乐祸：“这回不赖我吧？”跟这些人怎么治气？

这家旅馆带早餐，为节省开支，大家本着“自是不要钱儿，砒霜也酸甜儿”的原则，早餐死吃，并且朕还发出“靠个人能力解决中午饭”的号召，以至餐桌上出现骇人听闻的言行。宋二苗把面包上的花生酱涂到半寸厚，田小蕙竟然说出“得多吃那些顶饱儿的东西”，田梅喝了牛奶喝咖啡，喝了果汁喝红茶，中间还去了一趟厕所。朕装作若无其事地直把饼干往包里塞（因为昨天吃过哈林鱼根本没人张罗开午饭），好像这些人不是来自北京，而是来自埃塞俄比亚饥民区。

大家一边强力咀嚼，一边毕竟也有点不好意思，平时人五人六的也算名流，怎么如此吃风，如此吃相，这不是给国人丢脸吗？还是田梅脑子快：“出门咱就说是日本人。回头我牺牲一个白背心，缝一红疙瘩挂车后头。”二苗不知天高地厚地接下茬：“对，咱不是北京是东京的。”我马上给她一句：“P-ei呸！就你，充其量是福冈的农民。”田小蕙一拍大腿：“对，就是福冈的，我们就叫做福冈文化代表团！”我说，你把“文化代表”改成

“德行散播”比较合适。于是全体复议通过，并决定只要不是太丢人的事就说是中国人，为国争光，自一不对劲就是福冈的。同时选举田梅为团花。我们还进行了分工，田梅翻译兼导游，实际后来篡位当了领导，还一劲暗示大家没给她导游费。我当领导，二苗负责摄影，其实我俩最后就是开车的兼厨子，外加照相的。让田小蕙写日记她不答应，说出来玩的不想费脑子，让她当会计，她还是推脱说“一过十就糊涂”，大伙考虑到她任务太少强迫她管账，结果最后还是一笔瞎账，由专业会计师二苗接管了她的工作，她最终成了坐车的。此是后话。

这些人聚在一起，贫到世界之最，每天乐得腮帮子疼，不知找谁负责。

万里之行始于足下

今天我们要去提取我们预定的车，然后驱车70公里观光荷兰的另一个城市海牙。

HERTZ是一家全世界连锁的租车公司，信誉好，各地都有服务站，尤其是不像某些小公司，抠抠嗖嗖每天还限制公里数。据旅馆的工作人员说，提车的地方只有十几分钟的路，那当然得遛达着去了，何况天又那么蓝。

荷兰为了保护古城，开发区都在环城的10号公路以外。那里充满了现代气息，大厦摩天且间距较远，显得大气舒展。桥梁宏伟，雕塑也很时尚，大公司大企业都在这里。宽敞的街道上车辆穿梭，行人很少，即便有也是身着正装脚步匆匆，一看就是赶去上班的。

说来也怪，我们走了一个多小时还没到提车处，打听吧，多数人不知道，剩下的指示的方向互相矛盾，以至我们根本不知听谁的。田小蕙早就坐在马路牙子上不知歇了多少起儿。这时开过来一辆邮车，无数次问路都不得要领的田梅果断地冲了上去，邮差虽然被吓了一跳，还是热心地给予指点，按照他画在纸上的路线图我们又走了将近20分钟，才找到了HERTZ公司在金融区的提车点。其实我们活活兜了一个大圈，若按直线距离，应该离驻地不超过20分钟。

HERTZ公司为我们留了一辆1.6排气量的意大利产菲亚特两厢商务车，车号18-TL-GL，很吉利，只跑了18000公里，正是好开的程度。更让人满意的是，那个硕大的双层后备箱竟然能严丝合缝地码放下我们的4个行李箱子，那叫一个合适。今早我们还为有可能放不下行李担忧呢。

全体上车，我作为首驾，启动了漫长征程的第一步。

车子驶上荷兰宽阔的高速公路，座位舒适，想到再不必双脚猛扽，田小蕙心情大振，开始腾出情绪惊诧风光。她的惊诧毫无前奏，突然间就高声"呀"一嗓子，吓得司机我一哆嗦，方向盘也一忽悠，回头一看，无非是一朵云彩，或路边一块石头。我无比愤怒："这种人真应该先弄到门头沟培训培训，等见点世面后再放出来。"

音响中布仁巴雅尔开始唱出悠远的长调，4张破锣一齐应和，7只胳膊一块舞动（我得留一只握着方向盘），菲亚特冒着被掀盖的危险疾驰。

要说田梅在网上预测的公里数还真差不多，70公里之后我们到达了荷兰另一个大城市海牙。

心爱的坐驾陪我们走遍欧洲

风光秀美的海牙

海牙法庭

荷兰的首都虽然是阿姆斯特丹，但是荷兰政府和议会的所在地却在海牙，肩负着外交使命的海牙多次被选定为国际谈判的地点——1899年到1907年的历届和平会议都在此举行。这些都确定了海牙作为国际外交城的地位。1913年海牙还建立了和平宫，而联合国国际法庭、国际刑事法院、常设仲裁法院和海牙国际法学院都设在和平宫内。

海牙濒临海洋，地理环境得天独厚，非常适合居住，它还颇有贵族遗风，是荷兰最优雅、上流社会生活最活跃的城市。这里不仅有辉煌的皇宫，还有充满情趣的小街；不仅有茂密的森林，还有绵长细软的海滩；不仅有最豪华的酒店，也有丰富珍藏的皇家美术馆。在热闹的街头，时有名画《戴珍珠耳环的女孩》的画面闪现，真是一个美丽的城市。

我们刚开始把车停在路边，没几分钟就赢得了第一张罚单——30欧元，一个下马威。神叉们面面相怯，荷兰人民跟“福冈”玩真的了。把罚单收起来我们立马把车开到一个地下车库。你别说这也是好事，从此我们停车不是规矩多了，而是增长了不少躲避罚款的方法，屡试不爽，再也没有被贴罚单。

听说荷兰的“穆斯伦”出名（小名海蜊子），在斯海弗宁恩的海滩，我们大吃了一顿，据说是用了13种配料制作出来的，那三个人吃得赞不绝口，我倒没觉得怎么着。

由于吃得过猛，田小蕙同志的肠胃对荷兰的蛤蜊提出了抗议。下午我们不紧不慢地往回赶，还没到阿姆，田小蕙同志内急，在前不着村后不着店的地方上哪找厕所去，情急中二苗把车刹在一片“风吹草低见牛羊”的草滩

羊角村是一个童话世界

上。田同志急急地隐入“天苍苍野茫茫”中，一会便见她一脸平和地走出来，还无限感慨地说：“荷兰的草真是油绿油绿的。”一个出恭都能体验到诗意！要说浪漫得是在骨子里的，我等糙人学也学不来。

今天在旅馆值班的是一个学历史的大学生，小伙子单亲家庭，很早就自立了，自己在外租房。阿姆斯特丹的房租非常昂贵，所以他得在暑假期间打工挣钱补贴生活。其实他的父母都很富有，但欧洲就是这样，爹妈是爹妈的，孩子都很自立，包括个人的发展基本自己做主，不像我们的孩子总也过不了“断乳期”。

我和二苗仍然在旅馆厨房做晚饭，今天的方便面里加进了牛肉丸、蔬菜、鸡蛋、蘑菇……香味吸引搭着好奇,小伙子笑着站在厨房门口一直看，二苗给他盛了一大碗送过去，看他吃得那么香，二苗要把我们吃剩的也送过去，我直说：“别介，不礼貌。”田梅一边往大碗里倒剩面一边说“没事”。果然那小伙子把剩面一扫而光。我们这些当妈的心上顿生怜惜。

羊角村——“荷兰威尼斯”

距阿姆斯特丹130公里的羊角村最能体现荷兰“低地之国”和幽美水泽的特色。

羊角村位于荷兰北方的自然保护区内。这个地方正好位于两个冰亟带之间，所以地势相对于周边比较低，因而造成土壤贫瘠,而且泥碳沼泽遍布，除了芦苇之外，其他植物都不易生长，唯一的资源是地底下的泥煤。原来的居民为了挖掘泥煤赚钱而不断开凿土地，形成一道道狭窄的沟渠。后来，居民为了使运送物资的船只能够通过，就将沟渠拓宽，而形成今天运河湖泊交织的美景。羊角村又有了“荷兰威尼斯”的美称。

车行到羊角村附近，就与一条仅几十米宽的河道并行，河里居然有很大的帆船驶过，当然这些船早已不再运送泥煤，而是旅游用的观光船了。荷兰天气一向阴郁,今天却是难得的晴天，我们沿着羊角村弯弯的河道一路行走，清新的空气扑面而来。小河沿途全部由巨大的树冠遮护，阴凉一片，河上不时出现拱型小木桥，船儿从桥下悠然划过。河水清澈无比，映出两岸一幢幢绿色的小屋，每家都是鲜花盛开。这里的屋顶都是芦苇编成的，这比任何建材都来得耐用，使用年数少说40年以上，而且冬暖夏凉，防雨耐晒。从前芦苇是穷人家买不起砖石而用的替代品，现在却是有钱人家才买得起的建材，比砖石要贵几十倍呢。这里的地价也早已水涨船高，所以现在的大部分居民都是医生、律师等高收入人群，这与从前苦哈哈的状况形成了一种对比的时空交错。

阿姆斯特丹和周边城市的人们常开车来这里度假，外国游客也不少，漫步在这里既洗肺又养眼。其实如果有时间，最好是租间房在这里住个两三天，拿张水路图沿河慢慢地走，累了就在河边的凉伞下喝杯咖啡，吃一两块荷兰嬷嬷现烤制的香脆的小饼干。或者躺在一条平底船里，在河上悠悠地荡，荡到哪算哪，与野鸭为伴，看日影西斜，没有时间观念，没有尘事烦扰……

若田小蕙一人在这肯定会浪漫如此，要是再给她配一男伴，估计恋爱的

美丽宁静的羊角村

成功率将大大提高。但四神叉凑在一起，一是没有那么多时间流连，另外多数人素质使然确实培养不出阳春白雪的情怀。神叉们感受大自然的方式是下里巴人式的，手足并用，舞之蹈之，并做出一些与年龄不相符的动作，伴之以肆无忌惮的笑声，引得众人驻足观望。

今天行程277公里，我们在晚上7点回到驻地，此时停车已不收费了。

晚上大家全面收拾行李，为了轻装我们在第一站就开始扔东西了，包括二苗的磁带（早已是碟的年代了她居然带着磁带），我还把她包里的黄酱果断地扔进垃圾筒，这害得我一路都在听她埋怨，尤其是后来当我们物资匮乏时……

田梅小贴士

※ 关于旅游签证

想要获得申根旅游签证，原则上到任何一个属于申根国家的大使馆都能提交申请，每个国家的文件要求也差不太多，其中有些国家控制紧一些。签证时要打听一下哪些国家更容易获得旅游签证。

旅游签证申请文件中一般都要求提供详细的旅游计划，这个计划主要是具体时间安排、旅游地、住宿安排、交通工具说明等。需要注意的是，如果准备通过某国家提交申请，那么在旅游计划中一定要把在这个国家的停留时间安排得最长。否则使馆可以以这个为理由，让申请人到停留时间最长的国家的使馆去申请签证。如果时间安排上非常平均，就要安排比较容易获得签证的国家为申根国旅游的首个入境国。

※ 李立风未经加冕，自诩为“朕”，虽然她说我被“沦为”领

、

导，其实整个行程中，依她的情绪，我的职位好的时候是“田爱卿”，不好的时候是“三奴婢”。

※ 关于自驾

出国前需要做一个英文的驾驶证公证，如果是轮流开车，那么所有要开车的司机最好都做一个公证。只要有护照和本国驾照英文公证，在大多数国家都能租到车。

由于网络的广泛应用，很多的租车工作在国内都能搞定，各个租车公司都有自己的网站，介绍公司的所有资讯，只要找到你想要的车型（有图片和介绍），填上租车时间段和取车、还车地点，马上就能得到一个报价。要注意几点：

（1）一般在机场提车往往价钱比在其他地方提车要贵不少，所以最好找离下榻处很近的租车点取车。

（2）虽然可以从这个国家提车到别的国家还车，但是费用要高出许多，不是万不得已，还是原地还车最便宜。

（3）一定要找大的跨国租车公司租车，因为大公司车型多，网点多，车在路途中坏了，他们都会尽快再派新的车来替换。非常省心。

（4）先在网上注册成租车公司的会员（其实就是填一下表），然后获得会员号，有了会员号就享受会员价，会员价往往有10%的折扣和其他优惠。

（5）算好时间，租车往往有时间段，不同时间段有不同的优惠，要充分利用优惠政策。

（6）如果不是很熟悉当地的交通，最好就租一辆车，人多可租大车，因为身在陌生的地方，自己的方位和地名都搞不大清楚，更别说指导其他车了，一旦走散，很难聚合，加上通信费用昂贵（除非每辆车配有当地的电话，因为要穿行不同的国家，所以不太现实），既耽误时间，又耗费精力和金钱。

（7）由于不同的国家油价不同，不同的加油站油价不同，所以需要大概算一下里程，只要油够，就到便宜的地方加油。一般高速路上的加油站都比较贵，下了高速就便宜点。国与国油价也不同。

在欧洲比较有名的租车公司有：

Avis 公司　　www.avis.com

Eurocar 公司　　www.eurocar.com

Hertz 公司　　www.Hertz.com

本人喜欢Hertz公司：

方便，他是全世界最大的租车公司，在150个国家有7000多个租车网点，提供的选择范围比较大，他几乎在全世界所有大点的城市都有网点，不管到世界哪个区域，使用都可参加积分。随便到哪都免费提供当地的交通图，车有问题马上就能联系到解决的人，如果问题解决不了，公司会再派一辆车来替换。Hertz在中国有专门负责国际租车的部门，所有问题和预定都可以找他们，不用外语也可以解决预定的事宜。

电话：800-988-13336

021-3220-0988

灵活，即使约定的时间没去提车，一般也不罚款，而有的租车公司是要收罚金的（因为都是用信用卡预定，所以租车公司可以从卡里划走罚金）。另外，如果距离不是相差太远，基本上都可以在同一城市的不同网点还车，不单收费。小划伤、微小损坏基本不追究。

德国篇

德国是个寒冷的国度，但夏季非常舒服。此时正是法兰克福最好的季节，凉爽宜人，到处鲜花盛开。傍晚德国人喜欢在街边喝啤酒，看人来人往，感受繁华的都市气氛……

汽车开进由城墙包围的古城，一直开到一座小巧古朴的钟楼底下，旁边一座挂满鲜花的木筋墙小楼就是我们的“新家”。

擦肩科隆

凌晨5点我们就起来了（在荷兰尽是凌晨起床，真受不了），旅馆还是静悄悄的，我们“攀岩”把行李鼓捣下来，希望从此告别狭窄的楼梯。今天有将近500公里车程，还要去科隆和法兰克福呢。

二苗把车开出荷兰环城的10号公路，之后转向高速公路，朝着太阳升起的方向一直前进。

进入德国，德系车开始多起来。德国人发明了汽车——奔驰、宝马、保时捷……汽车是德国人的音乐。骄傲而严谨的日尔曼人把艺术与钢铁结合得非常完美。德系车外表并不张扬，但当你发动引擎，就会有一种心跳的感觉，车子会随你的心愿刹那间疯狂如野马，或是突然间静默如处子。开着德国车总会有一种成就感，所以我从来都开德系车（尽管都是中低档车）。德国人珍惜自己的创造，也热爱自己的汽车，所以路上跑的几乎全是本土车。奔驰不少,但更多的是大众，德国人不事铺张，两厢的GOLF、POLO居多，小巧省油，偶尔也有TOURAN。

德国的高速公路比较宽敞，上下各有三股道，这里一般不限速，车子开得飞快，左边是快车道和超车道。我们的1.6排量菲亚特马力不足，开到时速130公里就开始抖，只能在中间车道“肉”着，其实我们始终也没下时速120。

德国的自然条件极好，全国就像一个高尔夫球场，丘陵起伏，上面覆盖着如茵的绿草，红白相间的小房子点缀其中，每一眼都是美景。田小蕙我们是管不住了，瞅不冷就是一嗓子惊诧。但她作为高级编辑，词汇竟贫乏到世界之最，经常冒出“你看那树，一棵是一棵”，“呀，那树从底下往上长”的惊呼，遭到嘘声一片。其实我们也一个劲咋呼，司机二苗的脑袋像拨浪鼓似的左顾右盼。弄得我们一边惊呼美景，紧跟着一定加上一句：“跟你没关系，好好开车。”结果她越发来劲……120公里后路标上出现了“科隆”字样，渐渐地，科隆大教堂的双尖塔出现在视野。

我是出了名的不认路，开那么多年车还是不辨东南西北，每去一个新地方，必须由别人带路，而且过一路口说一路口，就这样下次还不认识。二苗同志在识路方面跟我有一拼，开车拉着我们在莱茵河上活活穿梭了仨过儿才迂回到大教堂底下。这一下吓着了田梅，本来她指望我俩有一明白人，敢情得全靠她。从这时起，田梅在车上就没敢闭过眼，生怕俩弱智还爱飚车的司机胡走一气。

德国的乡野就像无边的高尔夫球场

科隆大教堂

走近科隆大教堂，首先感到一种逼人的气势，庞大威严，犹如站在一位艺术的巨人面前，每个人都得把头向后仰到极致，才能看到它的塔尖。我相信任何人的相机都无法真切地捕捉到它的神韵与全貌。

大教堂位于德国的北莱茵—威斯特法伦州，是阿尔卑斯山北麓最大的哥特式建筑。它是在西尔德伯尔德遗址上修建的，时建时停，历时632年才基本建成，是欧洲建筑史上修建时间最长的建筑之一。科隆大教堂的外表极其精致典雅，堪称奇迹。大教堂整个建筑全部由磨光的石块砌成，高157米，面积6000平方米。教堂中央是两座与门墙连砌在一起的双尖塔，这是它的标志，也是全欧洲最高的尖塔。教堂内有10座礼拜堂，中央大礼拜堂穹顶高达43米。教堂四壁上方有10000多平米的彩绘玻璃窗，详细描绘着圣经故事。钟楼的5座吊钟声音洪亮，传播辽远。如果登城俯瞰，莱茵河美丽的风光尽收眼底。但如此宏伟的大教堂在二战期间，竟遭到14枚空投炸弹的重创，可见战争对文化的摧毁。

早晨没吃什么东西，中午大家在科隆一家西餐厅吃自助餐，四神叉叉纷纷露出“福冈本色”。我曾告诫大家，吃自助餐的最高境界应该是“扶着墙进去，扶着墙出来”（进去是饿的，出来是撑的），这一提醒被神叉们牢牢记住，并努力落实在行动上。等大家一起腆着肚子走出餐厅时，我才知道坏了，下午轮到我开车，吃那么多一定会犯困。果然，二苗自觉地打开后车门，把自己四仰八叉撂在后座上，没1分钟就小鼾频频。在这种环境下我的状态能好吗，脑子一阵阵空白，上下眼皮紧往一块闭……可恨宋二苗几乎天天午饭后都会自觉地到后座上睡觉，把同样也困的朕推上司机首席座位。从此以后朕中午就没敢吃饱过，想想比窦娥还冤。

正在困得乱七八糟之际，狂风大作，豆大的雨点打在挡风玻璃上，紧接着大雨飘然而至，雨刷不停地摆动，视线越来越不清楚，公路上立刻有了很多积水。而德国人似乎惬意这种刺激，还是把车开得飞快，巡洋舰似的，水花四溅，我的睡意一扫光，生怕有什么闪失。

要说雨来得快走得也快，大约20分钟后阳光穿透云层，除了万物更加润泽，仿佛刚才什么也没发生过。

下午4点，我们把车开进德国第三大城市——法兰克福。今天开车473公里。

德国的经济命脉——法兰克福

我们住在离中心火车站不远的Quality Hotel，因提前预定，价格比较便宜，每人每天27欧元。我们住3层，有电梯。田小蕙一听不用爬楼梯喜上眉梢。进入旅馆我们眼前一亮，我们四人住一个60平米左右的大套间，里外屋相通，各有两张单人床，每间除了应用的衣柜、桌椅、沙发之外，还有共用的咖啡吧、会客区、就餐区。洗手间宽敞明亮，地毯洁净，空调温度合适。关键是这里比荷兰每天要便宜13块欧元！一进屋大家扔下行李就欢呼起来，二苗窜上床一个劲尥蹦，田梅先闪进卫生间，田小蕙懒懒地偎在床上声称“哪也不去了”，我急急忙忙从箱子里掏出脏衣服开始大洗大涮。众人一边忙活嘴里还不停地唠叨“瞧人家德国”……阿姆斯特丹的旅馆把人们憋屈坏了。没多会儿神叉们一个个干净利索了许多，屋里则是万国旗般地热闹。

由于中午撑着了，二苗表示“谁提吃晚饭跟谁急”，撑着的又不是她一人，众人自然都没有异议。我们把偎在炕上不动换的田小蕙拉起来，一行人走入暮色中的法兰克福。

田梅把我们在大城市的住所都安排在市中心，这实在很英明，离景点很近，不用乘车。

法兰克福是德国金融和商业中心，它位于西欧的正中心，是欧洲摩天大楼最多的城市。众多的国际企业，金融机构和管理机关，包括欧洲中央银行都将总部设在这里。法兰克福被称为美茵河畔的“曼哈顿”。

法兰克福虽然很繁华，但还是保留与修缮了黑森州风格的老城。老城以

▌雨后的法兰克福大桥

罗马广场为中心。罗马广场南边是建于13世纪的圣一尼古拉教堂，教堂用红色砂岩建造，西南侧是韦特海姆之家，这是一座文艺复兴后期建筑风格的美丽住宅，北侧是一座模仿意大利宫殿样式的石房子，东侧是15世纪的木筋墙房屋（咱家的房子就是抄袭了这种风格）。广场的中心则耸立着16世纪的正义喷泉。在过去的200多年间法兰克福还一直是罗马帝国历任国王和皇帝的加冕圣地。美茵河从法兰克福穿城而过，在河的左岸排列着众多的博物馆。其中歌德之家，是在歌德的故居基础上修建的，里面藏有很多歌德时期的画作，歌德恋人夏洛特·布芙的肖像还挂在歌德的卧室中。左岸还有施特德尔艺术学院、德国电影博物馆、实用艺术博物馆等。

德国是个寒冷的国度，但夏季非常舒服，平均气温23℃左右。此时正是法兰克福最好的季节，凉爽宜人，到处鲜花盛开。傍晚德国人喜欢在街边喝啤酒，看人来人往，感受繁华的都市气氛。有意思的是一家酒吧把啤酒桌做成啤酒桶模样，几位男士围着啤酒桶喝着大扎的啤酒，成为很幽默的一景。

德国人的幽默

二苗精力过剩，长途开车400多公里，又走了很多路，晚上8点半她还嫌回家早。打着拍日出的旗号她号召大家明早把今天走过的地方再重走一遍，没人理她！那么舒服的床，还睡早觉呢。

第二天终于睡了个早觉，真舒服。等我醒来，二苗果然按昨天的路线又玩一趟回来了。

二苗的大号叫“宋荣荣”，因为拗口，又因为她是苗族，其兄被称为大苗，她也顺序被叫做二苗。时间长了，几乎没人知道她的真名，我估计“宋荣荣”只有在警察传讯她时才会被用到。二苗的父亲是“北京人艺”著名的照明师，她不好好跟着学打灯，却偏爱摄影。家伙事儿不错，尼康XX型的，其拍摄特点以多取胜，平均数十张里能出一张可称为“作品”的照片，但人家勤奋。我总说，二苗这辈子没当上摄影记者，真糟践材料，别的不说，这股打了鸡血似的热情就是记者必备的素质，而很多占着记者位置的人却严重缺乏工作热情。但她那“不玩到晚上10点半不让回家”的野劲也真让人受不了。

田小蕙已经烧好开水把每个人的瓶子装满了，田梅正忙着煮鸡蛋。自从进入集体，我们就过着共产主义的生活，“粮草”集中，各尽所能，任何事都有人操心，有“组织”真好（前边一声，后边轻声，念“租之”音）。

今天要去威尔兹堡，最终到达罗腾堡，全天的路程也只有280公里，所以菲亚特驶出法兰克福，大家一致同意不走高速走小路，这样能看到更美的景致。

天阴阴的，云压得很低，但大家的兴致不减。50公里以后我把车停在路边，那里盛开着一片剑兰。田小蕙挺高兴“可以撒野尿了”，我和二苗、田梅拿上相机分头采景。没过两分钟，就听“哎呀”一声，田小蕙已不在地平线上了。再一看，她正在一个约一人半高的竖坑里待着呢，一脸惊恐。当时我不在场，据说田小蕙是以慢镜头踩空的，但没有音乐伴奏。最可恨的是二苗，她拿着相机走到坑边，侧回头看了一眼在坑里仰头期望的田小蕙，不在乎地说：“呦，这我可救不了”，扭头接着拍花去了，弄得田小蕙悲愤交加。还是田梅伸出细瘦的胳膊把她从坑里拉了上来。虽然看来没什么危险，但宋二苗同志这种行为也很可恶。过后我们也忘了开批判会，以至后来我有一次发生危险时，二苗同志不光没上前营救，连出事过程都没给拍下来，净顾着乐了。

雨中游威尔兹堡

由于出了“事故”，加上风雨又来了，大家不敢在小路上恋战，迅速拐上高速路。德国高速的路标非常清楚，渐渐地我和二苗凭着汉语拼音的底子居然也能识别路标了。冒雨，我们进入威尔兹堡。

风景如画的古城威尔兹堡坐落在美茵河畔，四周冈峦起伏，城市小巧别致。

公元前1000年左右，美茵河是一条比现在小很多的浅滩，步行便能趟过。在这些浅滩上面，凯尔特人筑造了类似要塞的房屋并定居下来，这就是威尔兹堡的雏形。到了8世纪威尔兹堡作为大主教的主要领地迅速繁荣发展起来。12世纪巴巴罗萨大帝五次巡幸此地，召开帝国会议，并在这里举行了大婚庆典。威尔兹堡主教接受皇帝的恩赐，成为教会诸侯，集宗教与世俗权利于一身。从此教会诸侯统治这座城市达几百年之久。他们大兴土木修建教堂与宫邸，不少建筑至今犹存。第二次世界大战，这座名城遭到毁灭性的破坏。1945年3月的一天空袭突兀而来，无数的炸弹从天而降，仅仅20分钟古

城就在一片火海中化成废墟。城市的破坏如此彻底，曾使人们考虑放弃这块旧地，迁到另外的地方去。但这里的居民最终凭着乐观的精神，坚强的毅力，用勤劳的双手创造了奇迹，在废墟上重建了这座城市，名胜古迹也都恢复了旧貌。

进入这个城市远远就见到玛利恩城堡巍峨地盘踞在山上，在蒙蒙的雨中更显其雄浑。从城市的任何一个角落都可以遥望它的雄姿，所以很好找，于是我们顺利地把车一直开到玛利恩城堡下面。因为雨天路不好走，两个参观点我们必须舍弃一个地方，只好与威尔兹堡宫擦肩而过。

玛利恩城堡的建筑风格与山岩浑然一体。上山的路很陡，雨中道路湿滑，但植被青翠欲滴，山风混合着青草的味道，直接窜入鼻腔直达大脑，然后流向四肢百骸，仿佛有一股魔力，身体在刹那间轻松了很多。下雨天人很少，路上只有我们4把鲜艳的雨伞，二苗居然穿了一双绣花鞋，因为鞋底太滑，舍命不舍财的她索性脱了鞋光着脚在草地上践踏……

圈在中世纪城墙中的玛利恩城堡在13世纪到18世纪期间是大主教的居住

之处，城堡庄园最高的是玛利恩教堂，也是公元前100年日尔曼人的神殿所在，后来皈依了基督教，于706年修建成教堂，成为庄园内最古老的房子。它的外壁非常坚固，最厚处有3.5米。教堂里的地面被石块划分开来，下面埋着历代的大主教。

想象着那些中世纪武士，穿着盔甲，骑着骏马，穿过带雾的树林，沿着碎石小路一步一步地接近城堡，是何其庄严神秘、威猛性感的场景！田小惠激动地说："要有机会咱们租下城堡住上几天就好了。"受她异想天开的情绪感染，田梅也说，既然都租得起玛利恩城堡，那咱们还不包机过来。众人在笑声中买了几个精致小巧的铸铁武士，了却了没见到真武士的遗憾。

在山上，雨下得越来越大，四个假"福冈"在城门洞避雨时，竟"遭遇"到了真"福冈"。一行日本中年男女晃动着五短身材，戴着白色小帽，举着小旗帜，也来到门洞躲雨，和我们打照面时一个劲颔首致意。四个假"福冈"相视一笑。现在日本是全世界最富有的人群之一，全球所有的旅游胜地，都成了他们私家的厨房与厕所，每个日本游客几乎都是一座流动银行，他们走到哪就把大门敞开，欢迎所有的人参观他们的财富。日本人是远东保养得最好的人，一副富贵样。无论男女老少一律白白胖胖，一看就是洗得干干净净的八辟叶大山参；台湾人也富态，但喘气没有日本人粗，虽说也白白胖胖，但和了点财色，也就算人工种植的家参；而我们的富足中，很容易被指认为散装的胡萝卜。但有一样，假"福冈"从容，大国文化的滋养，举手投足间的自信使得我们的腰永远倍儿直，而且比起真"福冈"，我们的

远眺玛利恩城堡

身高大占优势，“胡萝卜”很可以俯视一下“大叶山参”了。

下得山来已是中午，我们在一家小超市随便买了点面包就算解决了午饭。这一行人馋归馋，但也能将就，没有一个非吃中国餐不能过日子的。

每当出城进城，是我们问路最勤的时候，雨一直下，街上连个“活口”都没有，每次看见个人影，我们都像鹰逮兔子似的扑上去，然后急刹车，把田梅弹出去，往往把被问路的吓一跳。但是没办法，欧洲的很多小城小镇除了流动的汽车，根本看不见行人，法国更邪乎，不少人家防晒防贼防谁似的连百叶窗都关上，房子活像个粮仓，我们把这样的镇子叫作“死趟”。问了四五个人总算出了城。

当我们疾驰120公里把车开进罗腾堡的时候，暮色降临，天也终于放晴了。

童话世界——罗腾堡

发现罗腾堡是田梅偶然看到一份杂志，她被照片和作者小资的文笔所吸引，于是在我们的行程里把它安排进去了。但往往文章带有作者强烈的个人好恶，照片与现实相差甚远的情景也屡见不鲜，罗腾堡究竟如何，谁也不知道。

汽车开进由城墙包围的古城，一直开到一座小巧古朴的钟楼底下，旁边一座挂满鲜花的木筋墙小楼就是我们的“新家”。推开小小的门，左手是一个咖啡厅，洁净的蓝格桌布，典雅的咖啡具显示着精致的生活品位，前方是个不大的玄关，靠墙的半圆木桌上放着一瓶鲜花，右手是旋转的楼梯，上到三楼是我们的卧室，一张宽宽的双人床，衣柜和坐椅均是德国古典风格，东西两扇小窗户上挂着镶蕾丝的罗马纱帘。推开窗户，哇，太美了！窗外是满视野苍翠的青山，一片逼人的绿色，童话般的尖顶红房点缀其中。身至如此温馨的小屋，窗外如此惊艳的景致，还没走到街上，罗腾堡的浪漫已率先感

罗腾堡小城里每一扇窗户都鲜花盛开

受到了。

如果没有车或者不知道详细路线，来罗腾堡非常不容易，从法兰克福要转两次火车，然后还要走很远的路才能抵达这个被德国人誉为“中世纪之宝”的小镇。也许正因为闭塞，才使罗腾堡在德国所有城市中，最完整地保留了它中世纪的风貌。

走出房门，那在“明信片”中出现的童话般的小屋终于真实地，一幢接一幢地出现在眼前，这些房子全都挂满了鲜花，每家都不一样，每家都可爱得让人惊叹。沿街的店铺大部分开着门，一个个精心布置的橱窗，述说着古城的历史和传说。如果说这里的房屋比赛着绿化美饰，沿街的店铺则PK着高雅的情趣。小镇传递着宁静与悠然，让我们这些来自喧闹都市的人始终感觉是在梦里。

罗马砖铺成的小路纵横交错，连接了所有窄窄的街道，我们就顺着“罗马小道”来到了集市广场。这个广场是小镇的中心，比足球场略大，喷泉并不壮观但精致，钟楼并不高大但古朴。每天11点到15点和20点到22点整点时分，市府大钟两边的小窗就会自动打开，上演小镇的历史剧：一个小人抱着海量酒杯不停地喝酒，旁边一个小人目瞪口呆……传说德国著名的30年战争期间，因为罗腾堡加入了新教阵容，维护天主教的公爵提力率40000大军挥师北上，路过罗腾堡时要顺便扫平这个当时只有6000居民的新教小镇。提力以为这是轻而易举的事，没想到遭到了罗腾堡市民的顽强抵抗，竟用了整整一天时间才攻打进去。提力攻占了罗腾堡，立即宣布市政府全体议员死刑。眼看城市沦陷，罗腾堡全体居民跪在市政府广场向提力公爵请求宽恕。酒窖管理员向提力敬上一大杯香醇的老窖葡萄酒，足足3.25升。提力一见气消了，并宽容地宣布，如果议员中有人一口气喝下这一大杯酒，他就手下留情。市长努西为了救城救人，10分钟内一气喝下这一大杯葡萄酒。提力公爵只好宣布三军退出罗腾堡，不再骚扰市民。这个可爱的小城终于免遭毁城之灾，而拯救了全城的老市长却因此昏睡了三天三夜……

我们就在街上悠然地走着，贪恋每一处的景致，虽然每一家都是花团锦簇，但小城里却几乎没有一棵树，只有一两家把梨树贴墙种得像爬墙虎一样，而“爬墙虎”居然结出了累累的果实。没有树木的小城却被茂密的树林包围着。穿过一个小小的城门，就来到城堡花园了，这里有参天的大树和精心养护的草坪。在花园的一角能听到潺潺的流水声，那是环护城堡的陶伯河的声音。沿着一段半人高的矮墙可以远观整个罗腾堡，那掩映在漫山苍翠中的海市蜃楼。

夜色渐浓，罗腾堡在昏黄灯光的配衬下更加迷人，店铺多数已经打烊，但橱窗将彻夜亮着，使夜变得温暖、温馨。

罗腾堡是世界著名的圣诞小礼品订货的地方，每年来往的商家不少。我们有个共同的爱好，就是喜欢小件瓷器。记得在科隆，我们发现一家特别好的瓷器店，巡视一圈，东西是样样可人，瓷质轻薄透亮，图案生动活泼，据说是手工彩绘的，田梅看上一件小花瓶，12公分高，售货员以柔美的声音夸她多么有眼光，并告知其价钱“仅”为4200欧元。田梅回头对我们说“真把我当日本福冈人了！”然后一边对售货员说这东西太好看了，一边示意人家把东西放回原处。在罗腾堡又逛到一家瓷器店，当售货员知道我们来自中国，就善意地开玩笑说，现在大家都直接到中国订货了，罗腾堡的商店快关张了。田梅安慰她说别着急，很快中国大队人马就要开过来了，你们准备点当地或欧洲特色的商品，销路肯定好。为了证实这种事的可能性，我们出血买了她好几样高级瓷器和礼品，把她乐坏了！

我们还慕名买了一个硕大的“雪球”，一种罗腾堡特有的点心。“雪球”很漂亮，但味道欠佳，有点像中国的炸排叉，但放皮了，而且死甜。

德国啤酒名振世界，在如此浪漫的地方，神叉们也想寻找一种微醺的境界，四人一共一升黑啤，就放倒了最张罗喝酒的田小蕙，她把身体的重量尽可能地挂在我的肘弯，直到我把心满意足的她架回旅馆……

罗腾堡的夜晚除了田小蕙谁也不舍得睡觉，我们在一家中国餐馆喝茶，

小城掠影

与老板欧阳夫妇聊天。他们是广东籍的台湾人，移民30年了。大儿子已成年去了柏林，二儿子16岁上中学，小儿子两岁还在怀中。德国的社会福利不错，小孩出生半年内每月都有将近500欧元的补助，孩子上学也是免费的。欧阳夫妇惊讶在这能见到同胞，中国人来得太少了。

漫长的夜，醇香的茶，异乡的同胞，温暖的话语，我们聊着小城的传说，聊着他乡的经历，直到三更……

早晨6点多，罗腾堡还沉浸在中世纪梦乡的时候，我们就出发了。今天将有600公里的车程，从德国进入奥地利的维也纳，会是疯狂奔驰的一天。

田小蕙沉酣一夜，用她的话“睡完觉又是一条好汉”。“睡出来的好汉”精神倍儿振奋，本来就是美女，充足睡眠又使脸色红润，再加上每天晚上的发卷把头发修饰得蓬松秀丽，比衬着我和二苗一人一张黑森森的脸，无比自惭形秽。田梅倒是年轻漂亮，只是那脑袋“鸡窝”没弄好，据说还是为出门特意烫的，她自嘲发型像李斯特，别说，铁随！在我们的不断打击下，她昨晚也刻意用发卷拾掇了一回，摘下发卷一看，你别说真有效果，倒是不像李斯特了，整个一拿破仑，差点没把我们乐床底下去……田梅自诩“徐方”——半老徐娘加方脸。聪明人都是具有自嘲心态和幽默能力的。对于我们来讲，旅游的地方固然重要，但更重要的是和谁在一起，用什么方式玩。我们四个人都是“乐活一族”，情趣相投，性格互补，相互了解，即使有个言差语错也能彼此包容。那种轻松和谐的氛围无疑放大了欢乐的体验。

欢乐之中也有遗憾，田小蕙误按了自己相机的“删除”键，把里面储存了好几天的照片全洗了。田小蕙是个大家闺秀，满腹诗书气自华，风度好的不得了，但某些方面极差，不会使用电脑，甚至不会发手机短信，是在我们的不断讽刺中才被迫学会的，刚学会时发一段12个字的短信得花上20分钟，还不算手心出汗。这种人把照片鼓捣没了纯属正常。

田梅小贴士

※ 关于预定旅馆

在网上可以找到很多订旅馆的网站，主要看旅游者需要哪一类的旅馆，基本上可以根据自己的经济情况和要求去寻找。比如大体上有按星级排的宾馆（Hotel），有旅馆（Motel），住宿加早餐（B&B），青年旅舍（虽然青年旅舍主要是针对收入少的年轻人，但很多旅舍并没有限制），公寓（Apartment，适合在一地住相对长点时间，人比较多，有厨具，能做饭）。

预定住宿时要注意的几个问题：

（1）价钱不用说，要在可承受的范围。

（2）一定要看好旅馆的预定和取消规定，比如要不要交预定金，提前多长时间可以取消预订不收费。有些旅馆对不按时来或来了后发现条件很差而不愿意住的客人照样收费，由于预定时往往提交信用卡号，被他们划走也很难要回来。大部分旅馆只记录下卡号而不事先划款，但是通过有些网站订旅馆，事先就把一定比例的房款划走了。如果游客住店的时间不是很肯定，千万不要通过这种网站预定旅馆。

（3）由于是自驾游，旅店有没有免费或收费便宜的停车场非常重要。因为欧洲很多城市停车非常困难，收费按小时算，相当贵。除了收费的问题，还有停车场距离的问题，搞不好公共停车场远离旅馆，来回还要乘车，太麻烦。

（4）旅馆是否提供早餐也很重要，最好是带早餐的，方便，省时，还能准备好上路的热茶水。

（5）重要景区、旅游旺季都最好提前预订旅馆，否则就是有再多的钱，也不能保证找到满意的住处。我们就曾经好几次见过其他游客愿意付高价得到附近的旅馆，但工作人员非常客气地告诉他们，由于全世界很多游人都在这段时间来到这里，所以没有任何办法解决他们的问题，他们只能住到远离景区的地方。

（6）不要每个住宿点的旅馆都事先预定上，主要是自驾游有随意性，不能因为旅馆的事把自己给限制住了，在一些地方适当留出机动点和时间，根据行程的情况随时找旅馆住，一般选择离主路不远的、城市边上的地区找旅馆，价钱不贵，好停车，不易迷路，上路快。

（7）最好是条件一般（省钱）和条件好点（好好休息、洗涮，调节一下）的旅店搭配住。

※ 在法兰克福大街上的停车位停车，5点以后和周六是免费的。

※ 听我们在法兰克福遇到一个中国留学生讲，相比其他欧洲城市，法兰克福的物价并不算太贵，留学生在这里生活每月有600欧元就够了。

※ 几年前，我和老公及几个朋友在欧洲租车自驾游也走过不少地方，两个男同志自然就是司机，我的任务就是看地图、说路线，然后就在后座上又吃又喝外加补觉，很是逍遥。加上老公的方向感超强，早晚都能绕到正道，所以打心眼里我就没把司机当“干部”。

李立风、二苗平日做事为人均属豪爽大气类，很有点男子风范，我觉得凭她们的能干和胆大开飞机都应该没什么问题，就别说开车了。等租上车开了一段路才明白，这俩人在开车这方面敢情除了胆大没别的。共性就是都不认路，都停不正车；差异在于李立风进城就晕，二苗山路含糊。这一路下来，我别说补觉，恨不得眼睛都不敢多眨，稍一不留神，她们就往“歪门邪道”上开。按她们的要求，踩一脚油门我得说一声路线，说早了记不住，说慢了就开过了，说不全还不行，我这刚说前面掉头，还没容我说出“前面红绿灯”呢，李立风立马在马路中央，跨过低矮隔离墩直接掉头，幸亏欧洲警察人手少，要不然还不知道开出几张罚单呢！早知道她们是这般司机，再多买一份保险我也不敢来呀！说实在的，直到我们把车还掉的那一刻，我的心才彻底放松。

奥地利

奥地利是欧洲中部的内陆小国，阿尔卑斯山覆盖了三分之二以上的国土，耀眼的冰川，陡峭的山峰，清翠的高山牧场，幽深的河谷和宁静的湖泊，成了奥地利的主要风光……

沿途美景无限，大家又开始了大惊小怪，除了田小蕙，我们仨一人一口“国骂”，在事物到了极致的时候语言其实非常贫乏，就好比田小蕙一个搞文字的人，情急中也只能脱口“那树一棵是一棵”的弱智言辞。我们则是不加个“我靠”就不足以表达那份激赏。

然而，出了德国进入奥地利，“我靠”的使用频率骤然降低，而田小蕙索性睡着了。不是奥地利的风光不好，而是他们的高速路全用两三米高的围档遮住了我们的视野。奥地利的高速路比德国的窄，尤其是路肩仅仅二三十公分，平时超车都得小心翼翼，一旦司机走神那是很危险的。荷兰与德国的高速路免费，奥地利只收少许，我们花7欧元买了一张票，可以在奥地利的高速路上使用几天，欧洲人纳税，也享受到了看得见的实惠。

我和二苗一路疾驰600公里，途经德国的纽伦堡、奥地利的Lize(Lize是希特勒的老家)，下午3点半就把车开到了奥地利首都维也纳的美泉宫。这3天我们将住在田梅的朋友芳妮家。电话中芳妮惊讶我们这么快就把600公里量完了，马上和她丈夫毛毛一起赶来接我们。

芳妮，40岁左右，人长得文静典雅，她出国比较早，到奥地利23年了。她丈夫毛毛是维也纳人，在一个大公司任职。芳妮是为我们专门提前赶回维也纳的，他们的家就在美泉宫后身，非常便利。时间还早，芳妮夫妇带我们先各处走走。

茜茜公主远嫁的国家

奥地利最初是罗马帝国的一个省份，13世纪末鲁道夫一世开创了哈布斯堡王朝，由此开始了对奥地利长达6个世纪的统治。哈布斯堡家族通过灵活的外交政策和巧妙的政治联姻统治了欧洲的大片疆土，直到1918年奥地利军队战败，哈布斯堡王朝垮台，奥地利民主共和国取而代之。当时80%的土地被割让出去，奥地利从欧洲强盛的大国，变成一个中立小国。

维也纳位于通往东欧的入口处，它与东欧国家一向保持着良好的关系，维也纳还是北欧和南欧的之间的枢纽。由于它重要的地理位置，公元开始前后维也纳成为通商要道，后来罗马人在这建立了抵御日尔曼人的营地。881年维也纳的名字重新出现在萨尔茨堡的日志中，记载了卡洛王朝抵御东欧威胁的事迹，维也纳的地位也变得越来越重要。1529年和1683年维也纳两次成功抵抗了土耳其对中欧的进攻，扫除了它成为大都市的障碍。

到茜茜公主的丈夫弗兰茨·约瑟夫执政时期，这位国王的明智统治为这

奥地利的田野

▌哥特式建筑 圣史特凡大教堂

▌巴洛克式建筑 彼得教堂

座城市带来空前的繁荣。弗兰茨在位68年，他作为奥地利的皇帝和匈牙利的国王，奥匈帝国空前强大，称雄欧洲，这段时间也是维也纳文化发展的黄金时期。后来民族主义和分裂主义开始动摇这一多民族的国家，最终导致了完全改变欧洲的世界大战。

雄伟的宫廷城堡保存完好，它的排场表明了奥地利以前的势力和富有，现在成为奥地利联邦主席的办公地。城堡前是英雄广场，这个名字来源于战争史上的两大英雄，他们是1809年打败拿破仑一世的大公爵卡尔，和深受奥地利人民热爱的欧根王子。广场上时有古典马车走过，显然是为游客观光市容预备的。每车都有两匹漂亮的高头大马，昂首阔步，走起来相当威武，这成为今天维也纳的一景。

我们信步来到维也纳最热闹的商业街渠沟市场，12世纪为了扩建城市，维也纳填平了一条古罗马的渠沟，这个地方就以此得名。渠沟广场矗立着一座三圣一体柱（圣父圣子圣灵）纪念在1679年欧洲鼠疫大流行中死去的人们。

137米高的圣史特凡大教堂高塔是

维也纳的标志，也是哥特式建筑中最杰出的作品之一。大教堂已有800多年历史，二战时被严重摧毁，后来才逐渐修复。教堂大钟是世界上最大的钟，是1711年用缴获土耳其人大炮的金属铸造的，在1945年的大火中落下摔坏。维也纳人把碎片重新浇铸制成后再度悬挂起来，现在每年新年到来，钟声响彻维也纳。教堂非常美，18根廊柱支撑着网形拱顶，主祭坛由黑色大理石制成，这里还有世界上最大的管风琴，彩绘玻璃描述着圣经故事，浮雕壁画尽是世界珍品。圣史特凡大教堂不仅是维也纳的标志性建筑，更是奥地利人的珍宝馆。

离这座哥特式大教堂不远的地方，还有一座巴洛克式教堂——彼得教堂。这座建于1733年的建筑，是维也纳拥有最多珍品的博物馆。当时几乎所有艺术家都参加了这座教堂的装饰。

雨后初晴，维也纳清风阵阵，令人神清气爽，虽然奔袭600公里，大家还是兴致高涨。芳妮夫妇怕我们饿了，买来维也纳可口的小点心，大家边走边吃。奥地利与东欧各国的关系很好，据说打开维也纳人的电话簿，能见到不少东欧的号码。我对东欧垂涎已久，听说匈牙利的布达佩斯和捷克的布拉格与这里距离都只有几小时火车，就和毛毛商量想选一个参观。毛毛说这两个地方风格不一但都很美。说得我更加心痒难挠，当我们的车已掉头往火车站开时，我才想起来，我们的签证是申根国家一次性出入，而东欧国家暂时都没有加入申根。只好扫兴而归。（现在这两个国家已经成为申根国。）

傍晚，我们在一家叫“大欢喜”的餐厅宴请芳妮夫妇，这是出行欧洲我们第一顿正式的中餐。有人说，有人烟的地方就有中国人，有人烟的地方就有中国餐。这话千真万确。这家中餐馆生意很好，只不过实行分餐制，是为了照顾欧洲人的饮食习惯。我们不是欧洲人，叫了不少菜，还是大家在一起掺和着吃。毛毛人很随和，会用筷子，看起来对芳妮言听计从，他对这种吃法完全没意见，只是把筷子频频伸向大肉，芳妮一个不经意的制止眼神，毛毛立即停止了夹菜。

毛毛家是奥地利的中产阶级，曾拥有很大的牧场，祖父去世后，父母带他们兄弟两人到维也纳定居。在高尚住宅区他家有一幢独栋别墅，母亲去世，父亲一人住楼下，毛毛的哥哥16岁就离家闯荡搬走了，毛毛夫妇就住楼上。毛毛的家宽大舒适，楼下老爷子住的地方保留着维也纳传统的装饰风格，古典而深沉。楼上毛毛夫妇的住处就现代多了，而且夫妇两人都喜欢文学和摄影，装饰既随意又很艺术。在墙上张贴的照片中有一些中国的建筑——故宫、天坛等，在他们的卧室门上还挂着一面小小的五星红旗，看得出芳妮是个幽默又有修养的女人。他们夫妇把自己的卧室腾给二苗和田小蕙，他们自己在一间客厅打地铺。

我和田梅住在芳妮一个叫桑德拉的女友家。桑德拉是奥地利人，大约50岁上下，独身一人，一个25岁的女儿在国外工作，她于是变卖了乡下豪华的别墅，在维也纳租了一套跃层的高档公寓。一层是她的卧室、客厅、厨房、餐厅、洗浴室，楼上的大套间是她的工作间。我和田梅就在工作间铺两个床垫打地铺。充实而疲劳的一天，在人家家里，悄悄地洗漱，酣甜入睡。

闲情维也纳

维也纳的盛夏早晚很凉爽，晴朗的天气很适宜拍照。芳妮带着我们从夏宫的后花园一路走来。这个美丽的皇家花园面积很大，保持着比较自然的状态，是松鼠、野兔、山鸡们的极乐世界，这里曾是最古老的动物园。穿出绿树森森，落叶缤纷的林子，豁然一片开阔的人工湖，周围无遮无拦，视野相当好，蓝天上的白云在湖面飘浮，个把野鸭游曳其中，神奇的景致。从人工湖南边的观景亭往北眺望，是几千米的缓坡，两边大面积的巴洛克式花园呈现着规则的几何图案，姹紫嫣红，中间甬道遥远的尽头，金色的美泉宫辉煌地屹立着。美泉宫是皇家避暑的离宫，所以又叫夏宫，也是弗兰茨·约瑟夫出生与去世的地方。1996年入选联合国世界遗产名录。

弗兰茨·约瑟夫和伊丽莎白（茜茜公主）时代，也是哈布斯堡王朝的鼎盛时期，他们开始了浩大的建造工程，有赖于此，维也纳才发展成今天的格局。现今城市的主要建筑，众多的博物馆和散布在交通干线旁边的华丽商店大都建造在这个时期。

弗兰茨·约瑟夫在其漫长的统治期间，发生了一系列惊人的悲剧。1867年他的兄弟，墨西哥皇帝马克西米利安被墨西哥的革命者枪决。1889年王储鲁道夫在梅耶林自杀。1898年他的妻子伊丽莎白皇后（茜茜公主）在日内瓦遭无政府主义者刺杀。1914年他的侄子王储费迪南在萨拉热窝遇刺（并由此引发第一次世界大战）。1916年他本人在奥地利哈布斯堡王朝崩溃前几个月逝世。

维也纳的太阳比北京热烈多了，“福冈人民”不仅涂了厚厚的防晒霜，还用纱巾把脑袋围了个严严实实。本身装扮就有点恐怖，偏还遇上大嗓门，偏还一个个在镜头前搔首弄姿。我整一个金鸡独立，田梅就敢春燕展翅，田小蕙打小在少年宫学舞蹈，年龄大了以后腿不得劲，离地是不敢了，但胳膊

美泉宫是皇家的离宫

维也纳到处可见艺术精品

能帮着使劲，嘴里还伴着音乐，使动作很波澜壮阔。二苗索性趴在草坪上（趁工作人员不注意）歪着脑袋，俩手托脸蛋，让时光一下子倒退了半个世纪。这些举动很让奥地利人民疑惑：是哪个精神病院没关好大门……

被奥地利美景烧的，人们有一些过分举动也应该能理解，但二苗同学很辜负大家的热情，她主动给大家拍照，可往往被照对象还没摆好姿势，还没把最邪乎的表情酝酿出来，她就大喊："下一个"，跟排队挂号似的。挂完的一边赶紧给别人腾地儿，一边嘟囔："怎么这么快呀。"二苗不屑地说："就得抓拍。"

其实真正的抓拍高手是芳妮。芳妮不言不语，手里的相机却一个劲儿干活。等回家在电脑上一看，才知道她抓的人物神态生动活泼，拍摄角度也很独特，真正具有新闻摄影的素养。再看芳妮的书架上，摄影方面的理论书籍还真不少，真人不露相啊。

维也纳具有浓厚的音乐传统，集中了维也纳歌剧院、维也纳爱乐音乐厅、爱乐乐团等世界一流的音乐团体。每年1月1日在金色大厅举办的新年音乐会已成为世界音乐人的盛典。能在这里举办个唱，甚至听一场音乐会都成为一种资格与荣誉。

毛毛早为我们联系好11点参观金色大厅的票，芳妮带着我们乘车紧往那里赶。奥地利人很守时，约会过点是不等候的。好在维也纳的地铁很方便，我们踩着点跑进金色大厅。

金色大厅很漂亮，除了剧场设备以外，壁画、灯饰、雕塑都很精致，可以想象，每年用从荷兰空运来的数万枝的粉百合装扮起来的金色大厅是多么漂亮，台上几百位音乐家济济一堂，台下几千名盛装的观众人头攒动，指挥棒一抬，恢弘的交响乐如江河般流泻，那将是怎样一种盛况。

在金色大厅里，没什么人参观，“神叉”们又开始一通没见过世面的举动，时而在座位上热烈鼓掌，假装刚看完一场演出；时而窜到台上模仿音乐家的指挥，摆“泡斯”拍照；时而在贝多芬的雕像前一派深沉，装大尾巴狼；田梅甚至还搂着正在修理的大吊灯让“照一张”。走出金色大厅，余兴未尽，这些人又来到施特劳斯的金像前，学着人家拉小提琴的动作东施效颦，你效完了我效，我效完了她效，整个一群刘姥姥进了大观园……芳妮实在没办法，赶紧买来维也纳最好吃的沙丁鱼点心，这才把“姥姥们”从施特劳斯身边引开。

二苗和我提议在妮儿家做顿晚饭，大家一致赞成。于是毛毛一向安静的家喧闹起来，我和二苗在厨房锅碗瓢勺，煎炸蒸炒，那阵势就像给一个连的八路军做饭。这帮人根本不拿自己当外人，我时不时从厨房伸出脑袋：“妮儿，咱家油哪？”“咱家的面哪？”芳妮是个很独立的女性，虽然嫁给了外国人，但经济与事业上并不依赖别人，住在公公家里很矜持，聊起天还总戏谑“他们家，他们家”的，而且也真不知道这家人的油盐在哪，洗衣机怎么使，突然来了一群反客为主的神叉，弄得她手忙脚乱。半小时之后，神叉什么也不问了，因为什么都摸着了。反而是“咱爷爷”（什么辈分，人家是芳妮的公公）配合得很主动，见我们做饭，马上铺桌布、拿碗碟，早早坐桌前等着吃。

饭快做好了，二苗问妮儿："咱老公什么时候回来？"芳妮笑着说："不知道。"不一会二苗惊喜地大叫："毛毛回来啦！"其亲昵程度让人起鸡皮疙瘩，我正涮锅，一阵冷战差点把锅掉地下，真让人受不了。

一大盘蔬菜沙拉端上桌，紧接着是凉拌荞面、糖醋鸡翅、榨菜肉丝、红烧排骨、一大锅热腾腾的粥，主菜是二苗的绝活——烙猪肉馅饼，很丰盛的晚餐。

因为是很丰盛的晚餐，所以芳妮请了桑德拉来吃饭。桑德拉穿着正装，略施粉黛，还带着小礼物来。她与同样穿得整整齐齐的主人握手接吻后，很优雅地入座。再看四位神叉，一人顶一脑袋发卷，衣冠不整，我因为衣服洗了没的换还穿着毛毛橘红色的大裤衩子，真是丢人到家了。

奥地利人有礼貌而客气，但不容易亲近，两天以后我们与房东桑德拉才逐渐熟悉起来，仗着田梅流利的英语，今晚我和田梅终于能与桑德拉聊天了。

在偌大的房子里桑德拉一个人生活，每周小时工来打扫一次。她早出晚归，日子过得很简单。她几乎没时间在家吃饭，设备齐全的厨房每天只动一只杯子，盛果汁或牛奶，一张大床晚上铺早上叠，使用最多的要算是洗手间了。桑德拉对中国餐很感兴趣，哪怕是我们送的几包榨菜也备受她欢迎。

桑德拉是学艺术历史的，从事的工作却很特别。二战期间，纳粹惨无人道地迫害犹太人，也大量掠夺犹太人的珍藏，那时期奥地利也出演过不光彩的角色。对于给人类带来巨大灾难的战败国，不得不进入半个多世纪的历史反省期。为此，奥地利国家专门设有一个机构，把遗失的珍藏退还给犹太人。战争使绝大多数犹太人丧生，幸存者如今流散在世界各地。桑德拉要不断地参观各类艺术展，用自己丰富的艺术历史知识辨认作品的来源，如果发现是从犹太人那里掠夺来的就记下来，然后她们要反复进行调查，对每一件文物设立档案，追寻原拥有者，甚至要求政府出资，带着珍贵的文物到世界

美泉宫

各地巡展，寻找失主，使不少珍品得以物归原主。年代久远，有的珍贵文物已经归入国家博物馆，桑德拉她们时不时还要与政府协调，甚至不惜与政府打官司，才能把文物要出来归还失主。

桑德拉的收入不高，但她对这个工作充满了热情，桑德拉她们将自己的毕生精力投入到这种事业中，使我由衷地钦佩。

维也纳森林的故事

在维也纳大街小巷徜徉，已能感受到这个城市辉煌的历史和浓厚的文化氛围，但在山上远观，才更能清晰地看到这个历史名城的宏大。乘着芳妮的宝马，我们盘山进入维也纳森林。

环拥维也纳的森林是大自然赐给维也纳的礼物，几个世纪以来，它也凝聚了人们辛勤的劳动和严格的保护。这是一片保持了原始风貌的天然林，约1250平方公里，一部分伸入维也纳市。森林傍依美伦河谷，水清林碧，给这

座古城增添了无比的妩媚。施特劳斯谱写的《维也纳森林的故事》更使它名扬世界。

森林里有许多清流小溪，温泉古堡，以及中世纪建筑的遗址，但最吸引人的是一些美丽而幽静的住宅，除了施特劳斯从小在这长大，不少音乐家、画家、诗人也曾在此生活。山上还有一座古老的教堂，当年茜茜公主来过这里，也算是文物了。

我们的宝马一直开到山顶，这里可以全方位一览无余地俯瞰维也纳全城。多瑙河从城市中间流过，把城市一分为二，河西是老城，皇宫和古建筑都在这里。河东是新城。新城有千年大厦、大型游乐场、联合国城、多瑙河塔和像花园一样的垃圾处理厂。

乌云上来了，像要下雨的样子，罡风劲吹，乱发犹如一面面猎猎的旗帜。我想起芳妮的话："如果用一个词形容维也纳，那就是——忧郁。"从维也纳本身由辉煌到没落的历史，从这里众多艺术家感伤的作品风格，从这里人们怀旧的精神气质，或是从这里的冬季阴冷的气候来看，维也纳都是个忧伤的城市。芳妮说，早几年，每当秋风萧瑟，白雪皑皑，她就想家……

已经开始下山，田小蕙忽然发现她的水瓶不见了。因为她患有干燥症，须臾离不开这救命水。我们只好沿着她溜达过的地方一路寻找，最后问到刚才买东西的小店铺，田翻译一通解说，田编辑帮着比划，店主只抬了一下眼皮，顺着他的目光，我们把视线投到一个垃圾桶，居然在垃圾桶里把她的宝贝水瓶捡了出来。田小蕙还想表示愤怒，田梅赶紧拉住她："算啦，没拿这当暴徒的汽油瓶就不错了。"

在欧洲，很多小镇喜欢用石材铺成罗马道，大城市也屡见不鲜。今天上山的路竟然全是罗马道。我一直琢磨这样的石路得是怎样的能工巧匠，费多少工夫才能铺就。恰逢修路工人正在铺路，路边堆着很多凿成10公分左右的方型花岗岩石块，几个工人直接往打好地基的地上码放，之后既不添沙，也不灌浆，直接就能走车走人。关键是罗马道无论直径多么小永远是半圆型

▌铺就罗马大道

的。码放过程就得既有技术又有艺术水准。工人们干得很快，手中舞动，脚底挪移，仿佛在不经意间，就将一堆石柱铺成了大片半圆图案规规整整的罗马道，而且连镶边的距离都留得正好，真是巧手。

下山后小雨淅沥淅沥下起来了，芳妮带我们坐进维也纳有百年历史的古老咖啡馆——Cafe Landtmann，这个店曾多次在电影或画报中出现过。资深店员都相当于国家处级干部，待遇相当高，维也纳人进这样的咖啡店是要着正装的，以怀恋逝去的贵族风尚。芳妮为我们点了非常有特色又符合各人口味的饮料与甜点。古老名店，优雅的环境，慢品咖啡，隔窗赏雨……妮儿的小资非常到位。

但神叉们很快就露出“福冈”本色，没过5分钟，咖啡喝完，蛋糕进肚，几个人开始嘻嘻哈哈看相机中的照片，然后还拿姿拿势地拍照，田梅甚至还要求跟侍者合影，弄得穿着燕尾服一直保持绅士风度的侍者手足无措。我和二苗知道装也装不像，索性冒雨上街，租了一驾两匹马的大马车，晃晃悠悠在维也纳大街小巷转了一大圈。赶车的是一对父女，父亲很彪悍，姑娘很漂亮，都是18世纪的装束。在丝丝小雨中他们的背影一直在我们眼前晃动，伴着清脆的马蹄声和眼前不断掠过的罗马式建筑，仿佛也把我和二苗带到了18世纪，倒是一种难得的浪漫。

奥地利特别著名的产品是施华洛世奇的水晶艺术品，全世界高档百货店都有它的踪迹，方妮带我们到当地一家专卖店，价钱是原价的70%，不知道是真有需要还是水晶把大家伙给晃晕了，反正每个人都买了不少物件。

明天就要离开维也纳，离开芳妮家了，所以我们商量再做一次饭。

昨天已经摸清“敌情”今天当然轻车熟路。不一会我的红烧肉率先发

街景：英雄广场

出诱人的香味，紧接着二苗的醉鸡翅也是阵阵飘香。于是田小蕙顶着发卷，循着香味走进厨房，接着看地图琢磨明天路线的田梅也嘟嘟囔囔从楼上下来了："不带这样的啊，还让不让人干活了。"进得厨房正赶上俩大厨"尝锅"呢，于是众人都要尝，你一块我一块半生不熟的大肉下去半碗。幸亏我有预见做得多，不然出锅时哪还有啊？

"咱爷爷"一看做饭的又来了，很兴奋，又赶紧铺桌布，这回铺在了客厅里，还拿出一瓶奥地利葡萄酒助兴。盛宴开席，神叉们还像什么都没吃一样大肆饕餮（其实小半锅肉进肚了），"咱爷爷"和毛毛也既绅士又不减速度地直指大肉，只有芳妮只动青菜。神叉们不胜酒力，倒是毛毛爷俩干了大半瓶葡萄酒，众人都很尽兴。

饭后大家聚在芳妮家听碟，看照片，聊天，芳妮夫妇已为我们联系好明天在哈尔斯塔特的住处，据说是在悬崖上，很令人兴奋。毛毛嘱咐我们，开车时即使在白天也要开灯，这样安全……他俩一直抱怨我们待的时间太短，还说下次来就直接飞维也纳，还住他们家，就开他们的车……殷殷之情令人感动。

晚上回到住处，桑德拉已经回来了，田梅把早已预备好的一块印有中国古代仕女的丝巾送给桑德拉（田梅总是想得很周到），桑德拉非常高兴。

第二天早晨我和田梅收拾好东西，桑德拉早已上班去了，我们遵照她的嘱咐，关好门窗，撞上门锁。二苗已经把车开到门口了，她说芳妮给我们买了许多路上的食品，昨天大家无意中表示喜欢的吃食都有……他们夫妇的心意都在里面，如果瞎谢一通显得太虚伪，我们只能全盘收下。拥抱和“保重”的话说了很多次，次次出自心底。

我驾着车紧紧追随着芳妮的宝马，出了城，上了高速，又走了很远很远，芳妮才闪灯示意她要回返了，她的手臂伸出车窗，挥舞着，挥舞着，直到宝马拐出主路……每个人的眼眶都有些潮。我在心底记了住一件事——在遥远的奥地利，我从此拥有了一个朋友。

奥地利乡野

经过几天调养，每个人的体重都有所上涨，天气晴朗，重新开车上路，又使每个人的情绪都很高涨。按照芳妮指示的路线，我们开车100公里左右，先去Malk参观。拐下高速公路，我们在多瑙河边见到了一个小巧的城堡。

欧洲的建筑除了教堂，城堡是另一个主要类型。欧洲的古堡非常多，除了恢弘的宫廷城堡，也有华丽的贵族城堡，还有小巧的家族城堡。这些建筑有的已成为国家文物，被保护起来，也有的还在使用。我们途经的是一个小小的私人城堡，至今还住着人呢。原先城堡的主要功能是防御，所以一般它的特点是踞高、坚固与私密性。这个小城堡，就在多瑙河边，离干道只有5分钟车程，水上陆地交通都非常便利。但它也很隐蔽，如果不是熟人指路，在高速路上根本想不到拐几个弯就能见到这样一个掩映在绿树丛中的所在。这也是主人选择在此地建城堡的原因吧。

除了小城堡，间差着还有两三户人家在这幽静的河谷生活，形成了一个极小的居住区。而这个袖珍居住区的生活设施却非常齐全，比如道路、通讯、水电、燃气一应俱全。我本人不喜欢喧闹，也不喜欢过于闭塞，这种宁静优美又方便的生活环境，太适合我的口味了。这辈子是不可能了，在那留个影吧。

离小城堡50多公里是一个修道院，这个修缮一新的罗马式建筑群，不仅是闻名的神学院，还是个基督教博物馆。修道院是黄色的建筑群，后面依山前面临水，花木葱茏，宽敞的四方院落中有雕塑喷泉，在高高的塔楼上还可以远眺奔流的多瑙河，是个不错的所在。这所修道院对外开放，买票可以参观。游人不少，还有来自远方的“洋和尚”，“取经”之余拿着相机一个劲拍照。修道院北边的山下，还有个圆形拱顶的建筑，据说早年是某位贵族的别墅，别墅的墙上布满了壁画，这些色彩淡雅，手法现代的水粉画，描绘了人与动物和谐相处的世界。

除了自然风光，我们对文化的东西也很感兴趣，但也仅仅是感兴趣而已。欧洲国家虽小，但文化博大深邃，如果真想感受她的文化，除了恶补功课，最好是住在这里慢慢体验。意大利的建筑和雕塑、德国的城堡与教堂、奥地利的宫殿和音乐、荷兰的绘画与风情、英国的文学与传统、法国的服装与风尚……但短短40天的时间注定只能是浮光掠影，走马观花了。但即便是这样的“走马观花”，倒退15年打死也不敢想，多么幸运，我们今天已经能开着车自由地在欧洲大地上驰骋了。

奥地利是欧洲中部的内陆小国，阿尔卑斯山覆盖了三分之二以上的国土，耀眼的冰川，陡峭的山峰，清翠的高山牧场，幽深的河谷和宁静的湖泊，成了奥地利的主要风光。这个国家非常注重环保，山林湖泊几乎没有污染。下午我们进入奥地利中部的湖区。一座又一座并不高的山相连，在弯弯

小巧的私人城堡

的山路边是一个又一个湖泊，湖泊有大有小，但都晶莹澄澈，把山里风光点缀得充满灵气。

这景象令神叉们无比兴奋，田小蕙满眼满口就剩下惊叹号了，我急得直嚷嚷："这地方还不停车什么时候停？"田梅摸摸索索把进欧洲还没动过的照相机翻腾出来"必须动用最新设备"。二苗把车停在路边，神叉们窜将下来，每人手里的长枪短炮咔咔作响，真家伙假专业的挺唬人，不知道的还以为某摄影协会的莅临视察来了呢。

夕阳给广袤的绿野铺上金红，辽远的湖水微波荡漾，天鹅就在身边游弋，田梅、二苗赤脚下了河，田小蕙躺在草坡上望天，我在湖边座椅上歪着……在这种令人酥骨的优美环境中，人们怎么可能还有斗志？就这么放松着、悠闲着，谁也想不起家里大人孩子，工作业务，股票基金的红尘琐事，只是庆幸，庆幸自己的运气，庆幸自己有如此的眼福与耳福……

绝色小镇——哈尔斯塔特

傍晚时分，我们到达了今天的目的地——哈尔斯塔特。这是我们欧洲行的又一个惊叹号。

哈尔斯塔特是一个小山庄，位于阿尔卑斯山东部地区萨尔茨塔默古特，到达这里只有一条很窄的山道，还要穿过一个隧道，开车得格外小心。这座只有几百人的小镇非常之小，只有一条街，所以机动车一律不能开进村。我们把车停在镇外的邮局门口，行李箱不动，每人只背一个背包进了镇。石板路的小街右手临湖，左手边是陡峭的斜坡，坡上排满了一幢幢的木房，我们的住处就在最高的悬崖。

沿之字形的路从山下一直“爬”到山顶，就到我们的新家了。这个家庭旅馆依山而建，内部结构窄而高，里面一个楼梯回回旋旋，我们的两个房间在最高的三层。推开房门置身在小小的阳台上，湖光山色在眼前豁然铺展开来，群山怀抱着碧绿的湖泊，夕阳正好，水面一片碎金，碎金上轻雾飘缈，

如梦如幻，在水一方的小镇倒影依依，美得难以言传。我不由得深吸一口清新的空气，慢慢享受这绝尘脱俗的美。曾经的画中景，如今的景中画，感觉这一刻的时间已经凝固，仿佛为心灵找到了落脚的地方。

田小蕙已经走不动了，“撂平”在床上隔窗赏景，遗憾地看着我们仨背着相机重新走出家门。

哈尔斯塔特寸土寸金，房屋都向空间发展，全村没有一寸浪费的土地。小镇的中心有一个迷你小广场，也就两个篮球场大，中央立着一根石柱，雕塑喷泉的周围是绿草鲜花，三面合围着奥地利式的山间小木屋，依次向高处排列，共同俯视着小广场。小广场边上有几张幌子，那是咖啡屋、礼品店和小餐厅。你千万不能小看如此小的村镇，这里有建于748年的天主教堂，和1320年建立的耶稣教堂，是众多浪漫的画家、诗人和音乐家留下的建筑和艺术品遗迹。独特的自然与文化令这个小小村庄在联合国的世界遗产名录上赫赫有名。

我们坐在街边的座椅上，服务生端来一瓶黑啤，两条烤鱼助兴，小教堂的钟声响起来，从近处到悠远，在我们的心上一波一波地回荡……

在水一方的小镇

结满梨子的树

天黑了，我们漫步走回“家”，门口的灯笼亮了，温馨地召唤着倦鸟归巢。大家到底余兴未尽，每人端一碗棒子面粥，就着满天繁星，坐在阳台上吸溜，觉着共产主义的生活也不过如此。满心缱绻地上床熄了灯，却被一场意外赶走了所有的诗意。

半夜我竟然遭到了哈尔斯塔特“土著”的袭击，一种类似于臭虫的小虫咬了我一身包。而两床相并的邻床上，田梅竟酣甜地睡着。我心里纳闷这小虫怎就笨得爬不过去，那边的美味岂不更加鲜嫩？在最浪漫的哈尔斯塔特的夜晚，我在不断涂抹清凉油和抓挠的动作中熬过。

在我们的计划中，田梅打的预算是每人每天住宿30欧元左右，伙食30欧元左右，汽油每升1.25欧元左右。大家一直严格按照这个计划执行。“神叉们”只要在一个地方待到两天以上，哪里停车不要钱，什么地方汽油便宜，哪有好吃的早就门清了，绝对是个能力。我们迄今为止，加油没有超标过，一过1.25元根本不停车。住宿的原则是住小店，干净舒适即可。至于说到饮食，早餐每人一个面包加两个水果，大油桃、香蕉或西红柿，就着沏好的咖啡和茶，那叫一个好吃，又保证了一天充足的Vc。如果赶路中午就将就，好在全体都在减肥，晚上找个好地方暴撮一顿。如果中午吃了大餐，我们带有充足的粮饷，晚上就煮方便面或熬粥。在家我从不吃方便食品，到了欧洲竟是相当能接受。所以我们的资金不仅没超标估计还有富裕。

我们是每人一次交给田梅500欧元，花完再续，大家老想一次都交上，田梅同学坚决不干，说这就够让她操心的了。田小蕙只负责记账，每看到她拿个小本、圆珠笔，还“一指禅”地杵达着计算器记那点油桃账，我和二苗就起急，就这她还经常忘了记汽油钱、公里数。有一次田小蕙被大家数落急了，委屈地抱怨：“今天我记了九笔账呢，容易吗我？”我说，“敢情，俩西红柿一笔，仨面包一笔，一块钱停车一笔……九笔‘大账’对于您是有一定难度。”大家笑得前仰后合。

今天我们要在沃尔夫冈待一天，所以我们早晨在旅馆吃方便面，特地在面里打了鸡蛋，还把房东种的观赏型西红柿顺了两个放进去，出来后又在小超市买了面包、香肠、苹果和油桃，准备当午餐。

从哈尔斯塔特到沃尔夫冈湖只有36公里。

阿尔卑斯山脚下的蓝宝石

电影《音乐之声》开场时有一个宝石蓝色的湖泊，那就是宁静幽美的沃尔夫冈湖，这个长10公里，宽1公里的蓝宝石镶嵌在阿尔卑斯山下，被茂密的森林绿地和陡峭的群山环抱着。这是奥地利最大的水上乐园，湖面上白帆点点，天鹅成群。湖边设有游船码头，可以乘船游湖观赏青山绿水。

沃尔夫冈是音乐大师莫扎特的名字，恰恰这里也是他的出生地，他在湖边那个鲜花小镇——圣基尔根度过了童年。当年小镇上居住着对他一生影响最大的3个人，他的外祖父、妈妈和姐姐。沿小镇的石板路一路下去，就能到达莫扎特纪念馆，这也是莫扎特母亲出生的房子。

奥地利的很多小镇都是依山面湖而建，圣基尔根也是如此，只不过相比哈尔斯塔特，圣基尔根的山要高很多，湖也大很多，之间留下的开阔地也宽，于是这个小镇也比哈尔斯塔特大。

圣基尔根的美另具特色，湖面辽远，湖水碧绿，天空湛蓝，阳光灿烂到必须戴墨镜。湖边有不少船坞，泊着私家小游艇。木制小码头伸展进碧绿的

湖心，天鹅野鸭在周围游弋，等待游人投喂食物。野鸭自惭形秽所以很有耐心，天鹅仗着美丽脾气也大，我动作稍微慢点，它就急不可待地啃啄我的鞋帮，叼走了面包连个谢谢也欠奉，扭头就走。依山一面有一些别墅，间隔较远，全部掩映在绿树丛中，主人们按照自己的意愿盖房子，因此建筑风格各异。镇上的小路弯弯曲曲，起起伏伏，街道两边的小楼却全是奥地利乡村风格的，每个小楼都挂满盛开的天竺葵，红色、粉色，鲜艳夺目。

街边的礼品小店吸引了我们，大家又打狼似的拥进去。我们曾规定不要乱买东西，因为车载有限，但还是抑制不住人们的购买欲望，这些人经常一边狂购一边嘟囔“我这东西小，不占地儿”，于是每经一地车里货物量都加大一些。在店里转了一圈，大家集中到收银处，我装作若无其事地说“这东西别处买不到”，那三位立刻齐声应和“就是就是”，变魔术似的，每人都从背后拎出一大包东西，天哪，居然全是瓷器。拎着猴沉的瓷器怎么玩呀，还是田梅表现好，自告奋勇将东西先送回车里去。我和二苗借机躲进冰淇淋店，一人撮了一个巨好吃的冰淇淋。

时间将近中午，大家急着减负，早点把拎着的午饭装进肚里，就来到湖边的餐座上。这里能饕餮湖光山色，即便进肚的仅仅是面包，也胜似盛宴。戴着领结的奥地利侍者彬彬有礼地问我们想用点什么，我们指指塑料袋，田小蕙用外国人没音标的汉语说“面包”。侍者一通叽里咕噜，田梅翻译过来，说坐这里必须点他们的饮食。凭什么呀，这露天搁两把椅子就算你们家的地儿啦？这湖光山色就归你们家啦？神叉们没有吃亏的习惯，尽管都知道这风俗其实缘自本国，只嗔怪欧洲人怎能学了去。田梅赶紧和稀泥“算了算了，咱们点点儿喝的吧”。十几块钱的饮料端上桌，大家才体会到什么叫“天下没有免费的午餐”。

悬崖观湖

在电影《音乐之声》里，出现过一列在陡峭的山岩上攀爬的蒸汽火车，这正是我们今天要乘坐的登山小火车。小火车只有4节车厢，两个车头前拉后推，在45度陡坡上爬行，一直上到1785米的山颠。上山的火车3小时一趟，车票24欧元一张。

大家一直担心今天的天气，因为如果能见度差，上到沙夫山顶就见不到德奥边界的14个湖了。说来也怪，我们每走一个地方，都是所期望的天气，即便是下雨刮风也是在路上，或我们刚刚离开。

今天的天空像过滤般地晴朗，我们的心情也格外振奋。小火车奋力地爬行，这是世界上最陡峭的火车道。火车时而穿过开凿出来的岩缝，时而驶过大片碧绿的陡坡，时而与高大的次生林擦肩。我看到也有人沿着窄窄的山道

天鹅使湖水充满生气

滑翔伞放飞所有向往自由的心灵

手足并用地攀爬，那是羚羊才能走的路。

40分钟后小火车停在两千多米高的山巅。360度的大平台建在险峻的峭壁上，半人高的木制护栏抵御不住恐高的晕眩。这里的视野极其开阔，可以纵览沃尔夫冈湖、蒙德湖、阿特湖等14个高原湖的全景。

苍山起伏，湖水碧蓝，山风凛凛，芳草萋萋，远处的悬崖上矗立着一座十字架，雄浑苍茫的全景画卷。有勇敢者拄着登山杖，在陡坡上踯躅，天地间一个渺小而执着的人在蠕动，令人感动的镜头。一张滑翔伞摊开在坡上，滑行者静静地坐在山上等着适合的风向，劲风骤起，滑行者张开双臂向前奔跑，恰到悬崖边，像鸟儿一样腾空跃起，红色的滑翔伞刹那间在蓝天碧水间打开，似鼓足的征帆在天空遨游，它把所有向往自由的心灵一起放飞，感慨一下子盈满我的眼眶，模糊成湛蓝中一点耀眼的红……我们不再年轻，我们已不能叱咤风云，但有人行，新老交替，生生不息。有一天那个飞行者也会老迈，尽管蓝天没留下任何痕迹，但他曾经飞过，也是无憾的人生吧。

本来想在山顶看日落，那将是多么辉煌的景象。但作为旅者总是来去匆匆，许多事情不能如愿，小火车已经进站，不乘这趟就得3小时以后了。留恋地上了车，目光却始终不舍得收回。乐观者会说，我来过，我幸运。悲观者则是，多么好的景致，可惜此生就一次。我是哪一种？神叉们又是哪一种？

今天往返78公里。回到哈尔斯塔特，已是傍晚，大家还在这个“世遗小镇”上溜达，尽管我们在此只赶上早晚，最好的拍摄时光不属于我们，但我们在这里消耗的相机内存却很多。

我们用电热杯煮了方便面和棒子面粥，拥在阳台上欣赏最后的晚景，想到明早就要离开，每一个人都变成了悲观主义者。

乐观与悲观都得过日子，我想到今晚还要和“土著”战斗，就赶紧下楼洗澡。我和二苗往“钱眼”里塞进两块钱硬币，热水就哗哗地来了，虽然只有8分钟，对于动作快的我俩足够了。接着田梅也拎着洗漱用具下来了，觉得过了很长时间，田梅还没上楼，我和二苗正准备拿鱼抄子下去捞，她回来了。原来热水来自太阳能的大桶，我和二苗把它全用完了，到田梅这，怎么塞钱出来的都是“爱死沃特”(ice water)。

虽然洗了个凉水澡，田梅同学还是睡得很香。昨天臭虫们经过演习，早熟悉了战斗路数，今晚向我大举进攻，哈尔斯塔特的“土著”训练有素，不仅善于战斗还善于隐蔽，我左右逢源，简直不敢沾炕，却一个活的没逮着。二苗她们敲墙通知赏月时我正战犹酣呢，而田梅连醒都没醒。直到天亮，“土著”们吃饱了，我也熬累了，稀里糊涂倒睡着了。

本来说好第二天早出门，但看我睡得那么香，谁都没惊动我，一直到点了，我才自然醒来，其他闲杂人等正聚在旁边的屋子“侃山”呢。二苗和田小蕙递开水拿早点，田梅用“温暖的小手”给我伤痕累累的后背涂抹曼秀雷敦，有组织真好！能感受到这些，让臭虫咬了也值得。

车子穿过隧道，我们离开了哈尔斯塔特，前往音乐天才莫扎特成长的城市——萨尔茨堡。下午还要赶往德国乡村——沃波罗多夫。

①德奥边界山巅可以看到14个湖
②沃尔夫冈湖湖水湛蓝
③“福冈文化散播团”

每当清晨开车出发大家总是精神抖擞，体能最差的田小蕙经过一夜豪睡也是情绪高涨。上了高速路，还是大板子遮挡视线，没啥景观，于是照例的“侃山会”又开始了。话题不固定，发散思维，从国际形势到文学名著，从科学发展观到道德沦丧，从人生哲理到烹调技术，从咱爸咱妈到八零后，从德国人到温州人，从股票基金到下一发财目标……无所不谈。经常挺深沉的话题最后嘻嘻哈哈结束。比如从欧洲建筑，说到教堂，又谈到英文读音，最后被二苗很认真地念成“吃吃”，笑得我们车身乱晃……其实二苗是个很聪明的人，目标坚定，大智若愚，为人洒脱，善于调节气氛，很多小矛盾就在她的嘻哈间化解。有时被我识破她的“伎俩”，她就笑着自嘲：“我多机贼啊，哈哈。”

今天的“侃山会”田小蕙披露了一点她失败的浪漫史，大家都为她失去“胖兔”而惋惜，同时也立志在此次欧洲行中为她完成“找兔”的任务。田小蕙憧憬着田野中一所有情调的房子，旁边一座酒窖，窗外一片风景，壁炉前一杯咖啡……我说：“靠，条件别太高，能给这3个小姨子出每年到欧洲探亲的机票就行了。”田梅马上接茬：“那得找一个我们（读晚们）喜欢的城市。”还是二苗仁义：“这人必须长得精神，有钱，心眼还好”，但马上又接上一句：“我还自个留着呢。”气的田小蕙想踹谁都踹不着，一个劲嘟囔：“看来我不反击不行了，把你们都惯得没样了……”说笑间100多公里很快就量完了，我们进入奥地利最重要的城市——萨尔茨堡。

莫扎特的故乡——萨尔茨堡

萨尔茨堡是奥德边界的一个小城市，却是奥地利政治文化旅游的中心。这里是莫扎特与卡拉扬的出生地，音乐使这个城市名扬世界。据说每年有4000多场文化活动在此举行，其中最重要的是萨尔茨堡艺术节，这个每年夏季为期6个星期的文化盛事，吸引了世界上最好的音乐家和乐团来到萨尔茨堡，将这个小城市变成音乐的盛大舞台。

当然，除了音乐，萨尔茨堡迷人的风光和颇具特色的老城也是吸引游人前往的原因，所以联合国教科文在1997年把萨尔茨堡老城列入世界文化遗产。萨尔茨堡被蓝色的阿尔卑斯山环绕，这醉人而浪漫的景色似乎是专为爱情故事准备的，好莱坞电影《音乐之声》在这里拍摄，赢得了5项奥斯卡金奖。据说每年年末，所有艺术节落幕后，萨尔茨堡会变得安静平和，圣诞节前夕整个城市会变成一棵巨大的圣诞树，光彩照人，天空中飘散着最著名的圣诞歌曲《平安夜》，而萨尔茨堡也正是《平安夜》的起源地。

莫扎特是少有的音乐神童，他4岁成名，16岁前随父亲游历欧洲，演奏获得空前成功。在欧洲，从宫廷到学院全给予他最高的评价。但进入到成年的17岁，莫扎特的厄运就开始了，萨尔茨堡是莫扎特的故居，也是他人生最不如意的逆境，他本人桀骜不逊，不屑交际；大主教专权跋扈，打压人才；以及同行的嫉贤妒能最终将莫扎特逼出了萨尔茨堡。命运给了这个音乐天才太多的磨难，莫扎特除了在音乐方面获得了巨大成功，别的什么都失去了，贫病和更多的苦难纠缠了他一生，最后肾病夺走了他35岁寂寞的生命。但莫

萨尔茨堡的街头音乐家

扎特留下了600多部作品。他的音乐有清新明快的节奏，悦耳动听的旋律，高雅雍容的气质，犹如天籁之音。有人说莫扎特的音乐不同于巴赫，他不是福音，也有别于贝多芬，他不是生活理解，他只是歌唱，但他的音乐总是指向心灵。所以，莫扎特的音乐之美，古今无人能及。

莫扎特在萨尔茨堡有两处故居，两处都有很多人参观。我们没有时间排队等候，只能在门口留影。

我们正赶上萨尔茨堡艺术节，听说广场上将有盛大的音乐会，我们一路赶往现场。不愧是音乐城，很多不同国籍的音乐人在街头演奏，有几人组合，有单人演唱，各种各样的乐器，甚至还有一个演奏者摩挲面前的十几个玻璃杯，发出特殊的音响，交织成动听的乐曲。还有俄罗斯艺人用巴拉拉卡演奏的乐曲给我们留下很深的印象。无论有没有人驻足观望，无论有没有人投币支持，音乐家都是全情投入，优美的音乐在萨尔茨堡四处飘荡。

遗憾的是大型音乐会明天晚上才举行，我们没有时间等到那个盛况。

连续几天都吃得较为简单，田小蕙先忍受不了了，往回走时，她见到河对岸类似于中国小吃一条街的食摊，就磨磨唧唧地要去，说："这也是文化。"看着挺老远的路程，想到还要赶往汉斯的家，我们毫不犹豫地灭了她这"文化"的念想。使田小蕙备加郁闷。

田梅小贴士

※ 进奥地利之前，算好时间，根据停留的时间，在超市或加油站购买通行证（PAY TOLL）。虽是没见到有专门查的，但查到没买可就要重罚了。

※ 在申根国家购物一定要注意留好退税单，以便在最后一个离开的申根国家机场办理退税，由于每个国家对所购物品可退税的要求不一样（如在一个商店里要购买到一定金额的物品才能办理退税），所以如果同行的人有同样的需求，大家可以合买，然后按金额比例分得退税款。

※ 奥地利特别著名的产品是施华洛世奇的水晶艺术品，全世界高档百货店都有它的踪迹，芳妮带我们来到当地一家专卖店，价钱是原价的70%，不知道是真有需要还是水晶把大家伙给晃晕了，反正每个人都买了不少物件。

※ 其实没有哪一类旅馆是绝对的好与坏，有的小旅馆非常有特色，特别是家庭的B&B，除了能体验到当地人的生活，还能品尝到主人做的家常美食，了解一些当地的历史和故事。

※ 沃尔夫冈湖的游船开放时间是5月到10月。

李立风很是纳闷，为什么“土著”只喜欢她一个人呢？经大家分析，总算找到了根源，估计奥地利的“土著”也是势利眼，有“朕”在，哪顾得上“奴婢们”呀！所谓官大，就是责任大嘛，有她吸引敌人，同志们可以高枕无忧了！

※ 如果一个人集中管理全部现金，发生丢失，则钱财损失惨重。如果每日每人分别结账，则时间损失惨重。比较好的方法是，每人预交部分费用，由算术好的人统筹管理，当“国库”接近亏空时，每人再预交部分费用。

绝色小镇哈尔斯塔特

德国篇

无论有多少问题，我对于这个国家还是充满钦佩之情。他有着辉煌的历史，也有着不光彩的过去，但这是一个美丽的国家，有着一个敢于开拓，勇于自省，严于律己，乐于助人，富于团结精神的有希望的民族。

驶出奥地利，重新进入德国。几天内我们将由东到西横穿德国。掠尽德国南方的人文遗址，以及湖光山色。

我把车停在德国高速路一处较大的休息站上，休息站有很大的餐厅、超市、洗手间，甚至还有条件不错的HOTEL。

在北京我绝对不吃麦当劳，垃圾食品，但今天再不吃就错过饭点了。我拿上自己的饭盒，准备进去求点开水泡我的方便面，结果神叉们都觉得是个好办法，于是每人夹一个饭盒，跟三班倒的工人进大食堂似的鱼贯走进麦当劳。田梅先买了一点蔬菜沙拉、薯条什么的，又操着流利的英语和颜悦色地问“能不能要点开水”？当得到肯定回答后果断地伸进四个硕大的饭盒，里面全放好了待冲的方便面。服务员当然不好意思食言，只好依次拿到饮水机前接热水，手指头按麻了自然影响心情，服务员的眉头逐渐皱起来，田梅始终微笑而凌厉地盯着人家，压制着他即将爆发的脾气。一盒一盒泡面依次端走，最后一盒疏忽了服务员的小心，溅出来的开水烫得他直跳脚，口中一串愤怒的英语，估计是“我靠”之类，一边还嘬着被烫的手指头……

田梅回到座位看着吃得热火朝天的三位神叉气不打一处来，但我们谁都没在意，因为她是那种永远放大欢乐而迅速遗忘不快的人，而且注意力特别容易被转移。传说有一次她老公打发她去买酱油，她出门看见一群老太太围在大树底下正高唱革命歌曲呢，于是田梅就被吸引住了，从站着到坐下，

绿草如茵的德国乡村

从帮着鼓掌到跟着唱，尽兴之后拎着空瓶子就笑嘻嘻地回家了，到家老公问起，才想起自己是去打酱油的……我们深知田梅的脾气，于是二苗赶紧递上热面，我及时地往里搁点生菜、西红柿，田小蕙嘴里含着热茄子似的“特好吃”。热情与热面立刻转移了田梅的注意力，她说了句“以后不带这样的啊”，就一脑袋扎进面条碗里……

饭后按照程序，我们列队前往洗手间。欧洲的洗手间有一部分是收费的，一般0.5欧元。只要是收费的，卫生条件都很好，而德国人不仅如此，简直把如厕变成了一种享受。欧洲的坐便间都比较干净，德国的则干净到了纤尘不染，光可鉴人的程度；一般厕所都有卫生纸，挂钩等设备，德国这些东西更加精致，位置更加方便；欧洲的洗手池前都有洗手液，净手纸等等，德国还加上护手霜和台前小瓶的鲜花；欧洲卫生间除了分男女，还设有残疾人专用间，德国的残疾人间除了小设备更加精巧齐全，报警的按钮还遍及各个角落，无论如厕人什么姿势，在什么位置都触手可及。我们今天使用的卫生间在自动冲水后，马桶边沿还自动旋转，经过一个消毒装置后已达到无菌干燥的程度，并且是温暖的。洗手间代表着一个国家与地区的文明程度。记得在维也纳城市中心，芳妮特意让我们参观了一下那里的卫生间，里面的装置全是实木古典风格，豪华典雅得让人不忍使用。在我国丽江古城，洗手间里还设有沙发茶几，就差一杯香茶了。从北京胡同里臭味飘飘的公厕，到今天百姓家庭装修非常重视洗手间，我们国人的生活水平与文明程度已大大提高，然而，什么时候才能达到公厕有纸，纸不再丢呢?

田园暮歌

休息后我们进入德国巴伐利亚地区，丘陵起伏，山林茂密，绿坡上蜿蜒着的小路，虽然狭窄却很平整。红色的小房子散落在绿毯之中，间或一个高颈小教堂，绝对养眼。

汉斯是我朋友的侄女的男朋友，要说连这层关系都用上有点不开眼，可汉斯与我们相交不是一天两天了。这个26岁的小伙子出身于德国南方乡村，在德国名校念书成绩优秀，精通数国语言，是个高才生。他这两年只身考察了南美、非洲和中国农村，如今在湖北乡村已经生活了一年多，和那里的农民一同劳作安歇。除了高鼻蓝眼，与当地农村小伙没有分别。前几天他兴奋地说，当地农民结婚都请他去了，他负责给大伙发烟……我一直在想，在如今全球拜金，富豪才是英雄的年代，什么样的生活环境使得汉斯像个出土文物似的仍然富有理想，而且锲而不舍地追求?

汉斯的家在德国沃波罗多夫山区，他家里有着大片山林，开着一个小型的奶牛场，经济状况不错。他的前辈从1407年就在这里生活，已经600年了，汉斯的父母在这一带很受尊敬。汉斯兄弟姐妹五人，个个都上了名牌大学，其中一个弟弟比汉斯成绩还好，据说已决定留在家里放牛了。

汽车往山上行驶，远远地就看见山脚下有一处农舍，那就是汉斯的家。

高大的房子是牛棚，里面拦着几十头牛，旁边是一个鲜花盛开的院子，门口悬着一架秋千，两个七八岁的小女孩玩得正欢。一座窗前挂满天竺葵的两层小楼就是他们的家。

汉斯的妈妈迎出来，这是个身着长裙、脸色红润的中年妇女，她叫芭芭拉，看得出年轻时是个美女。芭芭拉热情地拉着我们的手，好像见了亲人，欢迎的话语流畅地涌出，同时挽着我们的手往家里让。一进门是很宽敞的通道，原木的墙壁和地板很有风味，墙上挂着马鞍马鞭，铁制饰品，粗陶盘子，还有一幅巴伐利亚装束的女子画像，眼神明亮，芭芭拉腼腆地说，这是她的自画像。这样一个农妇会画画？着实让我们惊讶了一下。通道右手是一个大厨房和餐厅，左手是一个很大的客厅，铺着桌布的圆桌上摆放着一个土陶花瓶，据说也是汉斯妈妈自己烧制的，里面插着自家种的鲜花，舒适的坐椅上摆放着土布花格的靠垫。壁炉上有木雕的车马，铁皮人型，都很粗犷朴拙。更让我们惊讶的是，窗台上摆放着5个人头雕塑，芭芭拉说，这是她为

我们住在汉斯家

▍德国的绿野青山

自己的5个孩子塑的头像，其中汉斯的雕像非常传神。我们一边毫不吝惜地表达着赞叹，一边享受着汉斯妈妈煮的喷香的咖啡、自制的奶酪和她亲手烤制的各种小点心。

楼上有几间卧室，一律朝南，窗户洞开，窗外山野美景一览无余。室内全都是原木地板，结实的大床，墩实的衣柜、朴实的梳妆台上还雕着花。洗手间设备齐全，只不过热水来自太阳能。汉斯妈妈把他们夫妇的两间大卧室让给了我们。

离住房100米是汉斯家自己盖的巴洛克式小教堂。教堂里有几排座椅，正中耶稣基督的雕像前红烛烁烁，天花板上的壁画出自芭芭拉自己的手笔，墙上一幅族谱，记录着汉斯家历代人的历史，其中还有在战争中逝去的亲人。教堂顶上有个大钟，一根绳子垂到屋内，我使劲拉动绳子，教堂的钟声訇訇地响起来。

坐在教堂边的圆木堆上，我们远远看到汉斯的爸爸赶着牛群上山了。万籁俱寂的山林，天高地广的田野，怀抱着缓慢移动的一人与数牛，令人有说不出的感动。这宁静悠然的环境，这辛苦劳作的生活，淳朴勤劳的父亲，多才多艺热爱生活的母亲，熏陶出汉斯这样朴实的理想青年似乎是顺理成章的。

和我们同住的还有两家法国人，都是暑期带着孩子来找农家乐的。两个七八岁的小姑娘，穿着小胶鞋，一会帮着抱草喂牛，一会清扫牛圈，干得兴致勃勃。一个5岁的小男孩，长得很漂亮，牛仔裤在胯骨轴上挂着，开绽的小裤裆咧着。只见他骑着一辆自行车从大坡上迅速地直冲下来，冲到我身边时娴熟地猛然划个半圆，然后"乍"地一声稳稳地站住了。男孩冲我腼腆地一笑，之后又扭着小屁股向山上骑去。国外的孩子养得很粗放，尤其是男孩子，自由的空间很大，所以孩子性格发展比较健康，自主能力也很强。相比较，中国孩子还是保护得太过周到了……

正想着，汉斯家的一群鸡悠哉游哉地向我们靠近，二苗立刻两眼放光，她捅捅田梅"这鸡可是吃虫长大的，炖出来不定多香呢"。田梅斜她一眼"甭想"！她又转向我"就是鸡蛋也行啊"。什么人哪，啥都敢惦记！（果然晚饭就吃到了汉斯家的鸡蛋。）

傍晚的阳光透过云层照射到大片草甸上，绿里披金，神叉们实在抑制不住兴奋的心情，又纷纷忘了自己是谁。二苗正练着瑜珈，光脚就是一个金鸡够天，红衣配绿草还真赛那什么；田梅的身条不错，一会鹤立，一会蝶飞，只是那头乱发经常糊住脸，弄得面目不清；我是"五十肩"胳膊不敢高抬，就剩下蹦高了，可衣服太短，一蹦肚皮就漏光，后来照片洗出来净忙着撕了；田小蕙倒是打小学舞蹈，无奈岁月不饶人，咬着后槽牙，脚跟都离不了地（有照片为证，决不是瞎编）。蹦高不行，打滚总行吧，不得展才的田小蕙心有不甘，一个劲要求打青草滚，说多少年前就盼着这一天哪。田梅非常理解并大力支持"就这么点愿望得满足人家"。田小蕙很有气势，决心从山顶上往下滚，于是开始跋涉。我们算了算今天也没干什么消耗体能的事，她愿爬就爬吧，不至于累着。可她老人家也就走了30米，连山根还没到呢，就开始往下滚。坡度不够，体重又大点，根本谈不到滚，充其量自个往下折，翻几个个儿后就瘫在草地上了。小蕙爬起来就问“我爬到山顶了吗”？3个脑袋一块摇晃。又问“给我照相了吗”？3个脑袋又一起摇晃。大家赶紧道歉，说没什么思想准备，您再滚一回吧。好家伙，田小蕙这一天滚了三回！终于顶着一脑袋草梗心满意足地唱起歌来。

但不是每个人都唱得出来的。我见到大片草甸中央有一棵独立的大树，就想起杂志上经常有此类画面，旁边一个渺小的红衣女子与之相衬，有着说不出来的意境，就想效仿一下。二苗不屑地打击我，我还是往大树跟前走。我挥舞着红纱巾一直到抡不动了，觉着再柴的摄影师也得出作品了，就开始往回返。那3个人聊着天居然走出老远了。我抄了个近道，眼看就到路边，却被一道铁丝网拦住了去路，当年咱也是体育明星，于是翻上铁丝网，觉得马上就能过去。哪想到德国人民也有华而不实的时候，那木桩早就腐朽了，轻轻一晃居然折断了，随着木桩倒下来我的重心也倾斜了，情急中我左手紧握铁丝网，结果是，我呈大头朝下状越过了铁丝网，然后破坏了一根木桩，然后左手负伤……最可恨的是二苗，当初已有一次见死不救的前科，如今故伎重演，既没伸出援手，也没拍下现场，除了“哎呀，哎呀”，就剩下乐了。看来这种同志是断断靠不住的，万一有一天上战场，决不能跟她搭档。还是田梅同学有心，身上居然带着创可贴，本来应该去医院缝针的伤口得到及时处理，居然没有酿成后患。由此悲哀地想到，老了就是老了，大概永远告别了便步灵腰时代。

暮色渐浓，汉斯的弟弟妹妹要下山去参加镇上的音乐会，有他们的歌舞表演。这一对兄妹都是靓人，身穿巴伐利亚的民族服装，非常漂亮。芭芭拉为儿女整理着衣群，眼中满是骄傲。她随手摘下两朵粉色的天竺葵，细心地戴在儿子、女儿的帽檐上，又帮着把乐器放进汽车的后备箱，微笑着挥手，直到儿女的车子远去……

芭芭拉是这个家里的灵魂，当年这个漂亮多才的姑娘嫁到这里，就无怨无悔地做起了这个农舍的主妇，几十年来，生儿育女，伺候丈夫，洗衣做饭，养牛喂鸡……无止无休的劳作并没有麻木她的灵性，她养花种草，烧陶织布，绘画雕塑，给这份普通的农家生活增添了无数诗意，也熏陶着孩子们的情操。汉斯说他永远忘不了妈妈的笑容，因为她永远笑着做事。孩子们长大了，无论想做什么，芭芭拉都无条件支持，包括汉斯南美、中国的长时间考察，都是由家里提供经济支援。汉斯大弟弟也是名牌大学毕业，会包括俄罗斯语在内的数国语言，后来突然喜欢上音乐，改当自由音乐人了。小弟弟念完硕士学位愿意继承父业回家放牛，芭芭拉也是无条件欢迎，她淡定地笑着对我说："不管他们学什么，学来是否有用，只要孩子们喜欢，我都会支持。"

田梅问芭芭拉有没有想过到城市里去生活，芭芭拉说城里没有地方种花，不能养牛，不能养鸡，不能养蜜蜂，太没意思了，所以她不会习惯城里的生活。

德国乡村美景

天空晚霞斑斓，远山金顶似雪，牛在天边游走，村庄炊烟袅袅。我们顺着山路往下走，进入森森的林子，沟底溪水潺潺，林中涛声阵阵，好一幅田园暮歌图。走累了我们就在路边的木椅上休息。想到汉斯说的，隆冬时节，每当大雪飘飘，农活不忙了，游人也少了，山上寂静无人烟。他的爸爸妈妈常常手拉着手坐在这张座椅上，遥望远山，心里静静的，净净的，回味生活的幸福，感受岁月的流逝……

慕尼黑的过客

早饭后，告别了芭芭拉，今天我们要到德国另一大城市慕尼黑去。

80公里的车程足以让我们放松一下。我照例脱掉鞋，舒服地盘踞在后座，二苗全身松绑，趿拉着绣花软鞋，田小蕙裤子都是松紧带的，一派自由主义的潇洒。记得一次停车，田梅忘了系胸罩带子就下车问路去，看着她嘀里嘟噜还一本正经地连比划带说，我赶紧猫腰往车里缩，“天哪，可别说认识我”。为避免这类丢人的事再度发生，这以后一旦问路，停车的同时我们仨会异口同声地喊“系上”！有好几次，等田梅手忙脚乱扣好带子，被问路的早走了。

一般大城市中心的停车位都很紧张，车子开进慕尼黑，我们转了好几个圈都没地方停车，我们同时瞄上了残疾人车位。我刚缓缓倒车进位，旁边一个扫街的老太太就上来干涉。二苗灵机一动，上前搀着田小蕙让她装瘸，田小蕙为了集体的利益，一拐一拐装得还真像。可老太太不依不饶，说必须出示残疾人证明放在车窗前。田梅对我说：“算了吧，德国人可爱举报了。”我冲二苗招招手“收队”！二苗立刻放开“残疾人”，田小蕙也不装了，一边问“怎么了”一边箭步如飞往回跑，田梅恨得直咬牙“您倒是装到底呀，这俩缺心眼的”。我们到底还是把车停在了地下停车场。

慕尼黑位于阿尔卑斯山北麓，是一座依山傍水，景色秀丽的山城，也是世界上十大“宜居城市”之一。它是德国南部巴伐利亚州的文化中心兼首府，人口有130万，乃德国第三大城市。慕尼黑有四多，这就是博物馆多，公园喷泉多，雕塑多和啤酒多。这里有大约50个公共博物馆，众多教堂塔楼等古建筑，全城有40多个剧院，被誉为优雅的文化城。另外慕尼黑的啤酒闻名世界，还被称为“啤酒之都”。

慕尼黑翻译过来的意思是“僧侣”，1158年亨利狮子公爵建立了慕尼黑这个虔信天主教的城市。拿破仑横扫欧洲的时代，也正是巴伐利亚的黄金时代。鲁威格一世对慕尼黑的发展有颇多建树，艺术家也群集而至。德国的黄金时期结束于第一次世界大战。在二战中，慕尼黑成为纳粹的大本营，自此无法摆脱希特勒的阴影。这场非正义战争使慕尼黑也遭到严重轰炸，市中心仅留存了3%的建筑。不过由于战后有效的修复，整个城市风貌才得以恢复。老城区仍然是最热闹的区域。这里有世界级的博物馆，赏心悦目的公园，喧闹的艺文环境以及举止文明的市民。这些因素使慕尼黑成为活力惊人的城市。听说，即使在冬天，市民也群集户外喝啤酒，议论艺术和时政，当然还有足球。

因为比计划提前一天到达慕尼黑，我们只能临时找住处。在城里开车转很不方便，只能徒步观光，那最好还是在市中心住宿。我们在老城中心的一条巷子里找到一家有百年历史的HOTEL，就在钟楼下面。虽然贵，每人每天50欧元，但连续几天劳累，大家需要大肆盥洗，接下来还有很辛苦的行程呢。

这所HOTEL是一处老房子，迎客厅张贴了许多曾在此店住过的名人照片。房间不大，但有着德国旅馆一如既往的洁净与舒适。我们每个人都攒了一堆脏衣服，进酒店后大家一通狂洗，不一会儿窗户上就彩旗飘飘了。

我的伤手有发炎的趋势，加上哈尔斯塔特“土著”留的纪念未消，我必须调整一下，免得严重了会拖累大家，所以午饭后我决定休息半天，与“英雄”我所见略同的还有田小蕙，这几天她最大的愿望就是找炕，然后“撂平”。放下行李后。二苗与田梅轻装出了家门，很快就消失在乌泱泱的人堆中。

傍晚，歇够了的我和田小蕙与俩“野孩子”汇合，在街上溜达。正逢啤酒节，也正逢周末，酒馆和街边的酒吧爆满，德国人举家出动，大人孩子齐端酒杯，盛况罕见。德国人喝酒不仅豪爽，也讲究品位，既PK各种啤酒，也PK各式酒樽。我们自然也裹挟其中，实际上坐在街边酒幌下，我们4个人以吃烤肠为主，滥竽充数地感受这种气氛。其实在慕尼黑啤酒节，我最大的收获是买到一只陶瓷镶银的漂亮的啤酒樽。

夜晚，我们是默数着教堂的钟声入睡的……

天鹅堡的传说

来德国不能不去新天鹅堡，新天鹅堡是德国的一个传奇，也是世界十大最著名的古堡之一。

新天鹅堡是德国路易二世的梦，一个专属美的世界。

路易二世一生孤寂，不是面对政治密谋就是人身攻击。在那个君主权利当道的年代，他不满于自己徒有名衔的身份，试图改变又不得其所，因而常与内阁中的长老意见相悖。他与著名作曲家瓦格纳的交往到了公私不分的地步，以至过于挥霍，引起内阁人士与人民的强烈反对，导致瓦格纳最终被迫离开慕尼黑。也使路易二世愈加厌恶慕尼黑，他转而倾心于巴伐利亚山区——一个让他感到快乐与自由的地方。

路易二世的感情生活一片空白，22岁那年，他在举行婚礼的前两天，突然宣布解除与巴伐利亚公主苏菲的婚事，此后一生未娶。他得不到世人的了解，便躲在自己的世界中，轻易不抛头露面，远行时甚至选择夜行。因为对现实不满，他致力于创造自己的童话世界。

1869年，就在巴伐利亚南部的天鹅堡遗址上，他勾勒出自己的梦的世界——新天鹅堡。

新天鹅堡是路易二世一个未完成的梦。1886年6月，在医药委员会宣布路易二世患有精神病的5天后，路易与古登医生被人发现死在湖边。当时他只有41岁。路易的死给他的家人留下了1400万马克的债务，也给世人留下了未完成的梦。直到上个世纪60年代，人们还将建造新天鹅堡斥为愚蠢行为。

世事沧桑，如今德国人把路易二世的梦想变成了现实。耗费巨资建成的新天鹅堡成为德国旅游业赚钱的大户，德国最热门的旅游景点之一。

远眺新天鹅堡，令人有一种梦境的感觉——高低错落的塔尖在风动的树林中时隐时现，仿佛有人声在浮动。新天鹅堡坐落在群山环抱之中，矗立在石山高原上，背一面是清澈透明的湖水，鸟瞰四周缓缓起伏的森林，幽静的自然景色与新天鹅堡梦境般的外貌相互辉映。

田梅5年前来过这里，因此她决定不再上山，田小蕙准备坐旅游车上去，我和二苗是要爬山的。中午1点城堡内有中文讲解，我们买了这个点的

神秘的新天鹅堡

票，与田小蕙相约1点钟宫殿见。

山道上攀爬的游人如织，大树遮天蔽日，濂泉响谷，松鸡鸣唱，化解了我和二苗气喘吁吁的登山反应。当与新天鹅堡零距离接触时，我们无论如何拍不全一张照片，只有仰视的份了。

城堡充满了路易二世策划与设计的思想：铺张与绚丽。单是他那张后歌德式的木雕床，14名木匠就花了两年时间才完成。城堡内不乏以天鹅为主题的饰物，对路易二世而言，天鹅象征着纯洁。于是，从壁画、门把手到浴室都可以看到天鹅美丽的身影。他那不惜大量使用金、玉与象牙的恢弘的宴会厅，是特为瓦格纳举行音乐会准备的，当然最终没用上。

目前供参观的只有6处，我们戴着耳机随着录音讲解一处接一处地参观，走过一厅，不容缓步，工作人员就用围栏进行阻隔，因为，下一拨参观者马上就跟上来了，这样紧凑的参观没有给我们留下细细品味的余地。

看不到明信片上所拍摄的新天鹅堡全景，我和二苗心有不甘。新天鹅堡前面有山道，后面则是悬崖。我们绕到后山，一道铁索桥悬在两山的深谷之上，瀑布在脚下奔流。对面的山很陡，几乎不能双脚站立，那里几乎没有游人。我和二苗走过铁索桥，把相机拴结实，“四蹄着地”地沿着峭壁往后山上爬（这要田梅在场，肯定不让我俩上来）。到了第一个平台，也就是一块两米见方的平地，我们直了直腰，喝！视野好多了。但有一棵大树阻挡，不尽完美。我们又往高处爬，爬到又能驻足站立的时候，新天鹅堡的全貌终于一览无余。电视片《世界博览》中有这样经典的镜头：飞机掠过悬崖，一座矗立在峭壁上的美丽城堡缓缓移动，那伸向天空的尖顶拨动着飘浮的云彩，

一池碧水辉映着城堡的倒影，那是新天鹅堡……现在虽然俯瞰程度还不够，虽然天气不够明媚，虽然角度不能移动，然，眼前的真实景象与刻画在脑海中的印象相叠加，我们对新天鹅堡的审美体验十分真切，因而十分震撼。

路易二世政途不畅，可他绝对是个有创意的艺术家。在如此险峻，又如此明丽的地方，建造如此浪漫的古堡，也就是路易二世吧。有意思的是，很多优美绝伦的传世建筑，包括中国的颐和园，都是政治上昏庸，骨子里浪漫的昏君所为，在建造之时都被誉为荒唐之举。不管怎样，对于我们后人都是文化财富。

我们和田小蕙在山上没有碰面，却几乎同时下山。

原以为田梅在车里呼呼一觉了，哪想到她老人家勤快，前后清扫车内卫生，都清理完后“乓乓乓乓”把4个车门全关上，才想起把车钥匙锁在里面了。抓耳挠腮了半天，绕着车一通捅鼓，都引起停车场保安人员的注意了。后来一个英俊的德国男人（我们在欧洲，遇事帮忙的都是男人）看到田梅着急的样子，起了怜香惜玉之心，据说车窗有道缝，就伸进手去拧开了锁，事情就解决了。听完过程，我们疑惑地问，那你怎不伸手开锁呢？你胳膊比他细多了。估计那男人若不英俊，田梅就自己伸胳膊开锁了，或者锁上钥匙这事本身就是圈套。至于套什么呢，始终是个疑案

我们接下来的任务是尽可能跑路，在靠近巴登·巴登的地方住宿。

下山之后，余兴未消，大家决定不走高速，走小路前往巴登·巴登，所谓小路，其实也是国道，只不过不是高速路，而且会穿过一些城镇，这使担着认路指路职责的田梅加大了劳动强度。但这可以深入德国腹地，能够更近

距离地接触自然，大家一致决定——看景而“牺牲”田梅同志。

要说德国的道路还是不错，他们的道路隔不远就有某号公路的路标，有的还张示“黄手帕”似的指示牌。但也有缺点，一到重要的圆形岔路口，我们叫它“王八转盘”，大路标就消失了，只标示本城镇的地理方位。一个“王八转盘”往往五六个出口，走错了，多少公里出去，中途连穿插兼并的可能性都没有，还得回到此地调整。因此我们常常围着“王八”连转好几圈，四人八只眼睛死盯着路牌，一边嘴里咒骂着“笨死的德国人”。最后赌运似的选择一条路。当沿这条路开出十里八里再见到路标和“黄手帕”时，大家都会欢呼起来，自夸声不绝于耳。若看不到路标，就只能蔫头耷脑地折返。好在神叉们不比德国人笨，我们走冤枉路的时候并不多。

年轻人去大城市发展，似乎成为全世界的趋势，新西兰许多城镇只晃动着老人的身影；韩国全国4000万人口，首尔就有1000万，年轻人扎堆；我国农村现在见到小青年都成稀罕物了；德国也是如此。进入一个城镇，静悄悄的，街道整洁花木繁盛，不显萧条，但就是没人。像科幻电影里描绘的无人城，瘆得慌。路上偶有汽车驶过，才让人回过味来这是有人生存的地方。在德国行走，我一直很费劲地干一件事：就是如何把一个有着众多名威世界的大型企业与先进科技的国家，与到处是静静的“死趟”，到处是诗情画意的田园，合二为一体。这件事我干了一路，还是没干成。

我们走过了三四个这样的城镇，天逐渐黑了，憋了一天的雨也终于瓢泼下来。当我们钻出一个隧道时，倾盆大雨使雨刷几乎也失去了作用。好在前方就是一个城市，查了一下地图叫Reutingen，这不是我们计划中停留的地方，但一天劳乏和黑夜凄雨留住了我们。

大家心中一致的念头，遇到第一个旅馆，无论什么样都是我们今天的驻地。第一盏灯光吸引了我们，二苗把车开过去——一个四星级宾馆，就是它了。一问，居然不算太贵，每人38欧元。舒服的环境让拉肚子的田小蕙很欣慰，她是我们中年龄最大身体最差的，即使不开车不走路，她还是感到十分疲劳，疲劳使她沾床就不愿起来，甚至懒得出去吃晚饭。我们给她泡了方便面就拿着雨伞出了门。

这是个不小的城市，也许是雨后吧，街上还是没有人。途经若干“死趟”，对人群总有点向往，我们朝着霓虹闪烁的方向走。最嚣张的是一家闪着巨幅“香港酒家”字样的中餐馆，我们乘电梯走了进去。国外中餐馆的装饰一律俗不可耐，暗淡的走马灯，伪红木桌椅，贴在墙上的金财银福和招财娃娃年画，一大缸象征着有余的金鱼，还有供着财神爷的佛龛，佛龛前袅袅着难闻的熏香，和着炒菜的油烟子味满屋缭绕。可外国人喜欢，认为这才是地道的中国风格。这家餐馆实行自助餐，每位12欧元。看着热热闹闹，其实可吃的东西并不多。大锅炒的菜统统一个味，油乎乎的一个颜色，看着德国人围着餐巾，配着洋酒，优雅地用刀叉进食这些倒人胃口的东西，就觉得好笑。田梅、二苗专挑新鲜的大虾涮火锅。我拣了点青菜蘑菇让厨师现场炒，不搁味精少放油盐，又弄了点热面汤，如此而已。不管怎样，这么漆黑的雨夜，饱餐一顿中餐，留宿四星级宾馆，还从前台篮子里拿了几个水果，妙不可言的一晚。

今天行车327公里。

黑森林中的巴登·巴登

在德国西南部的巴登—符腾堡州（Baden Wurttemberg），与法国和瑞士接壤的地方，有一块起伏缓和的高原山地。南北长160公里，东西宽20至

60公里不等。这个区域叫黑林山。黑林山地区森林密布，以枞树等针叶树为主，远远望去，一片墨绿而近乎黑色。故而有个形象的名字：黑森林。这里的山势起伏连绵，十分舒展且收放自如。山间有令人目眩的峡谷，也有清澈的湖泊，山坡上数不清的泉眼常年流淌着清甜的泉水，形成了无数的小河，最终汇入莱茵河。

冬天，黑森林的降雪量很大。特别是沿莱茵河谷多为海拔几百米的低山，是理想的冬季家庭运动场所。雪后人们三五成群，特别是孩子们，穿着滑雪服，扛着滑雪板、雪橇，从城里坐上通往黑森林的短途火车或巴士，下车后不用走多远，随便选择一块坡地，就可以顺坡而下，尽情地滑行。黑森林最高峰是费尔德山，也是欧洲著名的冬季运动赛场。其中一些世界级的滑雪比赛，如FIS-世界杯都曾在这里进行。

黑森林的夏季更是迷人。方便廉价的公共交通，可把人们带到黑森林的各处。所以这里也是世界有名的“山间行走”的运动地点。据说许多美国和加拿大人，不远万里，特来此地行走。这个地区的道路管理得非常好，无论是车道还是步行道，均标志清晰。

而在黑森林地区，有一个相当出名的小镇叫巴登·巴登。这个城市沿着山谷蜿蜒伸展，背靠青山，面临秀水，景色妩媚多姿。

“巴登”是沐浴或游泳的意思，所以可想而知这个城市是个浴池很多的地方。实际上，德国地名中有许多是以“Bad”结尾的，往往意味着那里是个疗养胜地，往往有温泉或矿泉。巴登·巴登的温泉不仅能够浸泡，还能饮用，游客可以在特定的商店买到新鲜的温泉水带走，让温咸的泉水由外到内呵护自己的身体。

我们在中午时分到达巴登·巴登。

欧洲的假期非常多，每年大约有150天左右都在休假。除了公休、年假，还有名目繁多的节日、纪念日。目前德国北方暑假刚结束，南方又开始全面放假。欧洲人度假经常拖儿带女，举家出动。一方面他们重视家庭，其

疗养胜地巴登·巴登

次人工费太贵，请不起保姆带孩子，而法律又规定不允许把未成年的孩子独自放在家中。所以我们经常见到两三个小孩跟着父母一起旅游。有一对父母甚至把刚出生5天的婴儿放在篮子里，提溜着参观新天鹅堡。还有一对年轻人非常投入地拥抱接吻，把他们几个月大的婴儿放在草丛里自己趴着。

欧洲的富人夏天度假一是去北欧，清凉避暑；二是去摩纳哥或法国尼斯，海边度假；三就是来巴登·巴登，享受森林温泉。而来巴登·巴登的除了年轻的登山者，以有钱的老人居多。这个小镇到处可见身穿正装，风度翩翩的老头，也随时可见衣着艳丽，举止优雅的老太太，这成为巴登·巴登街头的一个奇景。在露天音乐会上，放眼观众席，竟全是风度修养俱佳的漂亮老人，他们优雅地欣赏音乐，热烈地跳着交际舞，活得美丽、自信、有尊

绿树丛中的巴登·巴登

宁静的小巷

严，让人觉得生命至此才开始绚烂。

我们沿着小河信步徜徉，享受着巴登·巴登奇异的自然风光。这里的阳光似乎永远灿烂，各种植被出奇地茂盛。进入德国我们一直行走在如茵的绿草中，但感觉不同，沃波罗多夫的大草甸像家酿一般自然清新，巴伐利亚的绿野似浓烈的白酒那样逼人，巴登·巴登的绿色则如红酒一样华丽甘醇。这里的大树参天而绮丽，叫不出名字的奇花异草开到绚烂，小河的水清澈得没了颜色，只有水草在河床中摇曳，中世纪的建筑干净得犹如新建，身着盛装的人们个个都带着微笑，这一切始终让你觉得那么不真实，好像在梦中一样。

小城中心集中着名品商店，这里的商品比巴黎还要有品位。走进舒适的咖啡厅和餐厅，不由得举止就变得端庄。娇黄的遮阳伞掩映在鲜花丛中，在这里端杯橙红的饮料，既能惬意地观风景，同时也是景中人。衣冠楚楚的人们活跃在这里，汇聚成繁华而不杂乱的市面。

倾斜的坡道逶迤通向后山，后山被葱郁的绿色覆盖，山不高，却可以鸟瞰全城——一座掩映在绿色之中的玲珑的城镇。小巧的哥特式教堂踞高而立，抬头仰望房檐上的天使，翅膀展开在蓝天白云中。小广场上高悬着3个巨大的水罐，这是巴登·巴登标志性的雕塑。喷泉灵动着宁静的画面，哗哗的水声把人们唤回到现实。时间在此放慢了步伐，一分一秒融合在钟楼滴答

巴登·巴登的博物馆

别致的建筑

滴答的节奏里。

我们的“新家”在距巴登·巴登只有3公里的山上，一处非常幽静的家庭旅馆。每人每天27欧元。两间房子风格不一，却都很舒适，尤其是每个窗口都是一幅风景画。后花园呈自然状态，有一片草坪，一个池塘，这在寸土寸金的山上非常难得。湖边摇荡着几苗芦苇，可以坐在躺椅上看日落……

一见到舒适的旅馆就不动窝的田小蕙故伎重演，其余人等轻装出发上山。其实我和田梅也想在房间里休息一会，但是二苗不允许，她的精力可与一种叫做“驴”的动物媲美，拉你出去时她又变成了一根筋的赶驴的人。

山上还是真美，山道弯弯，路边开满野花，一些山地车骑手结伴驶过，彩衣头盔成为碧绿山谷的点睛。偶有疯狂的吉普呼啸而过，尽是奔驰、宝马等小型的好车。山顶视野十分开阔，远处的林海森森一片，夕阳中的万物勃发出最后的精彩。我们在坡上群魔乱舞，大声呼吼，反正没人看见。其实即使看见，“福冈”人民也没在乎过。田梅的舞蹈动作很老套，不是“常青指路”，就是“被常青指路”，我赶紧给她拍下来，照完了好告诉她，这个动作已经拍过N次了。二苗的动作粗放无章法，多数属于照了也白照。我的感觉良好，拍完一看，还不如二苗呢。不管怎么着，出来就乐，玩了就乐，没什么高尚趣味的“乐活一族”。

山顶有一个小镇，没几户人家，因为能高瞻远瞩俯瞰山下美景，一般是有钱人在这置办的第二住宅。这些房子的阳面几乎全部是落地玻璃窗，能从外面窥见室内的装饰，里面鲜花、红酒、蜡烛台……绝对有情调。想着哪一天我们也能在这阳台上端杯红酒，赏夕阳西下，览万木葱绿就让人陶醉。眼见得我们那点朴素的无产阶级感情就要慢慢被腐蚀掉，夜幕就开始降临，人也开始变得现实一点了。

正准备下山，突然一辆电影中才见过的老式敞篷吉普车飞驰而来，猛然停在我们旁边，车上是一对明星般的美女帅男，细看竟然是60岁左右的老人。老帅哥戴着空军帽，肤色古铜，很是潇洒，老美女端庄典雅，气度非凡。我们正纳闷呢，那老帅哥居然用中文和我们打招呼，我们很惊讶在这个地方能遇见会讲中文的老外，于是大家又聊了几句，男士告诉我们他去过中国，喜欢中文，最后等他车开出老远了，他还在高喊“再见”……

中午吃了大餐，晚上照常自己“起伙”，吸溜完面条二苗居然拿出了“甜点”——早餐桌上扫荡的核桃仁，从树上摘来的苹果，还有我们自己蜜制的红枣。多幸福的日子啊。

弃堡无言

清晨，明媚的天气。我们昨天在地图上发现，巴登·巴登附近有一座废弃的城堡，早饭后就向那里出发。

沿着山路向上盘桓，30分钟后进入茂密的林子，在一处不显眼的地方有个急弯，走上一条狭窄陡峭的小路，再一回头，一座弃堡已经高耸在身后了。三四十米高的城堡只剩下残垣断壁，雄伟而破败，金红的朝阳从窗口一束一束地照射进来，美得很凄凉。这里没有人烟，偶有过客，也是行色匆匆——攀爬上它残破的身躯，眺望远方，留下几声赞叹，又不留痕迹地离开……

我们站在城堡的最高处，阳光明亮得使人晕眩，四野寂静得产生了耳鸣。每一座房子都有历史，每一座房子也都埋藏着不少故事，当年不知是谁修建了这个雄踞山头，可以俯瞰森林、遥望巴登的城堡。那一定是个鼎盛的家族，一定有着宏大的生活理想，也一定有着感天动地的爱情……苍海桑田，人去物非，只留下四面空墙寂寞地矗立在山顶，空洞地诉说着流逝的过去。

神叉们可都是面对现实的人，自然抒发不出“先天下之忧而忧”的情怀。片刻的感慨之后是渺小的欢乐。天好是一喜，登高又一喜，景美三重喜，人少喜上加喜。这么喜悦的心情，当然要用相机记录了。田小蕙指点江山的手势反复重演；宋二苗做出许多伪杂技动作；我好了伤疤忘了疼，又恢复了登高爬低；田梅想登高又害怕，哆嗦着两腿强颜欢笑。不仅如此，四小天鹅优美的舞姿被那三只肥瘦不一的“老鹅”糟蹋得不成样子，令人肃然的城堡大概头一次遇见这么不严肃的访客，不知它是什么心情……

下山之后，我们又来到巴登·巴登，那么多的精品店勾起了某些人的购买欲望，大家一致决定逛街。昨天在一家意大利人开的服装店，田梅买了一件新款的衬衫，瘦小的她居然穿着非常合适。不是因为她的身材适合欧码，而是她拿人家瘦身型七分袖的衣服，当宽身长袖衫穿了，还特显时尚，也是个思路！沿袭这种思路，我们今天二进宫。一进店田梅就一脑袋扎进衣服堆里，希望还能有昨天的运气。我不喜欢逛商店，对千般挑选也缺乏耐性，百无聊赖地拎起一件丝绸套头衫，上面盘旋着许多紫水牛，我随意比量了一下，近日晒得黑森森的脸配着紫色，巨难看！就赶紧扔下了。二苗在一旁说“我试试”。我劝阻着“不咋样”。她还挺自信“我能穿花的，我穿行”。一会二苗从更衣间出来，那紫花绸衫紧紧地箍在身上，压迫得腰上的赘肉一股一股的，配着蓬头黑脸，特像扮成女妆的李逵。她还在镜子前左看右看，并招呼着田梅：“你看这件好吗？”我赶紧扭过脸去，果然，田梅立刻笑喷到柜台底下去了：“这不大兴农民吗！”这一笑还真把二苗笑毛了：“都赖李立风。”我赶紧闪，“好好想想，你什么地方得罪我了？”可怜的店员以为又要开张了，马上走过来解释说这件衣服是采用英国某地最好的纯棉织品、意大利设计的板型，配德国的扣子。我们无法让他明白，不是衣服本身

一座废弃的城堡

有什么问题，是我们怕糟践了衣服。

试衣服遭到挫折，二苗气不打一处来，非嚷嚷着“我要吃蛋糕”。我们陪着她在一把优雅的遮阳伞前坐下，大家都想趁机歇歇腿。精致的蛋糕端上来了，配着彩色小盘子小叉子，和叠得很艺术的纸巾。二同学她老人家连一分钟都不到就填进嘴里，吃完抬屁股就走。吃相是表现修养最重要的方面。

记得那年在贵州吃早餐，田梅上来咣咣咣就先干进5个花卷（花卷虽然小也可见其人食量），哪想到后面还有七道点心未上，田梅一边直着脖子强往下咽（舍不得不继续吃），一边小声埋怨"怎不早说"。当然我若不是牙口不好，也慢不到哪去。从我们（碗们音）这些人如此迅猛的吃风吃相，可见其修养程度。

一分钟就吃完的蛋糕当然不过瘾，我们走进一家海鲜餐厅。这里的品种特别多，可以自选。那三位酷爱生鱼，一两一两的各自选了四五样，才十几块欧元。我的十二指肠有脾气，轻易不敢拿生鱼招惹它，于是大大地要了一份烤鱼。这里的虾甜嫩有弹性，各种鱼新鲜到世界之最，烤鱼更是极其鲜美，是我们此行物超所值的一顿饭。

温泉之乡泡温泉

到了世界闻名的温泉之乡，不体验一下温泉是很遗憾的，巴登·巴登的温泉源于地下约两千米左右，平均水温约摄氏68度。这里有两个别具特色的温泉浴池，著名的卡勒卡拉浴池是用白色大理石建成的，颇具现代感，面积达1000多平米，备有多个室内外的温泉和桑拿浴。古老宏伟的菲列特浴池，则建在两千年前的罗马浴池遗址上，以其马赛克石子图案见称。

由于我们不知深浅，没敢问津。在我的极力倡导下，大家决定大着胆子询询价。卡勒卡拉浴池居然不贵，每人25欧元。其他人都带了游泳衣，我在摊上花8元钱买了一件欧码最小号的，大伙欢天喜地地进入装饰堂皇的卡勒卡拉浴池。

这里的服务名目繁多，有单汤小池，有男女同浴，有盐池泥浴，有推油按摩，还有温度各自不同的游泳池。我们买的票是大众温泉。二苗和田梅虽没来过，但轻车熟路，不知怎么一下子推开罗马浴室的大门（就是男女混裸浴），又立刻装作惊讶地退了出来。弄得尾随其后的我和田小蕙莫名其妙。田小蕙后来一个劲追问："看见什么了"，田梅则暧昧地反问："你没看见啊？"这路人等，一遇事，基本素质暴露无疑。

1000平米的大池非常漂亮，呈三层跌水台状，每一层都可以游泳，最下面一层通向室外，室外是个连环池，设有喷泉瀑布，一派自然景象。欧洲人酷爱晒太阳，都在外面活动，田梅就在室内猫着，我和二苗里外来回游窜，田小蕙泡了一会一见有红外线，就霸住一个躺椅烤她的老寒腿。

泳池是最容易发酵爱情的地方，冷眼观察，各色浪漫尽入眼帘。两个绝美的姑娘，皮肤像玉一样光滑，从她俩一下池子就吸引了所有人的目光，不一会几个小伙子就试试探探地开始"好逑"。一个年轻健壮的黑人小伙，旁若无人地和一个比他大将近30岁的老太太调情，献媚之状不堪入目。一个法国男人用浴巾占住3张烤红外线的躺椅，巴巴结结地招呼几个姑娘赶紧过来。你讨好谁咱管不着，但法国男人太讨厌，竟要求把田小蕙用的一张躺椅给他腾出来，岂有此理！他以为他是谁？即便他是谁，遇见我们他也谁都不是！我们轮番烘烤，就是不把躺椅腾出来。那男人一直斜眼瞄着，趁我起身调整躺椅高度时，瞅准机会要把浴巾扔过来，我大喝一个"No！" 把他吓回去了。看着挺精神的一个大男人，怎么这么烦人?

不光是这个男人，我们在街上曾进过一个珠宝店，当然也没想买什么，只不过看到几款宝石还算不错，但比较我们的和田玉还差得很多。一个女售货员看我们不像买主，一直爱搭不理的，完全没有职业道德。德国的文明程度总体较好，但往往是“一马勺坏了一锅汤”。

今晚是在德国的最后一夜，明天我们将离开这里，前往法国。无论有多少问题，我对于这个国家还是充满钦佩之情。他有着辉煌的历史，也有着不光彩的过去，但德国是一个美丽的国家，有着一个敢于开拓，勇于自省，严于律己，乐于助人，富于团结精神的有希望的民族。

难忘巴登·巴登

田梅小贴士

※ 解决喝热水的问题，可以自带小型电热壶自己烧水。还可以利用旅店早餐时准备的开水灌好自己的茶水。另外，路上遇到麦当劳和肯德基之类的快餐店可以进去请工作人员灌几瓶，一般他们都不拒绝。

※ 据说德国有3个城市非常值得一去，代表德国大城市的慕尼黑，代表中等城市的海德堡，代表小城市的罗腾堡。整整一个下午，我和二苗马不停蹄地从慕尼黑市内一个景点走到另一个景点，路上还赶上游行队伍，具体游行者的诉求是什么不清楚，但看他们开着车，按着喇叭，汽车天窗处站着舞动旗子的人，两边还有警察的摩托车随行，也让我们对西方的民主方式有一个现场的感观。

※ 别怕走错路，欧洲很多小地方是非常美丽的，将错就错往往还收获了出乎意料的惊喜。出乎意料的美总会给人留下深刻的记忆。

※ 有些国家的地图上专门标有驾车旅游路线（带小绿点），如果不赶时间，走这样的路特别美，能看到非常不同的乡村、原野或葡萄园之类的景色。

找旅店的有用网址如下:

Hostelbookers.com

Worldby.com

Bedandbreakfast.com

FindB&B.com

Venere.com

路线指示网站 : www.mappy.com

法国篇

法国人认为，他们的国家是世界上最美丽的国家，这里除了民族自豪感，还有法国人特有的自信，或者傲慢。这个喜欢抱怨、品头论足、罢工抗议的民族，也是乐于张开臂膀拥抱新事物的民族。他们乐于和你分享餐桌上的快乐时光，分享他们的文化与梦想。法国人充满激情，创造了无与伦比的文化艺术成就。时装、香水、葡萄酒更催化了这个民族的浪漫与从容……

第一眼的法兰西

今天是极其疲累的一天，驱车587公里。

同为欧洲，只有法国的高速路是收费的。从巴登·巴登出来本想很快进入法国，然后沿高速路途经皇家盐场到达里昂。可刚一靠近法兰西就见到收费站，“福冈们”一边怨声载道，一边赶紧掉转车头仍然缩回德国，一直与法国并行，走到再往前开就非法进入瑞士了，才不情不愿地进入法国。法国的高速路费贼贵不说，还收得很没有章法，有在入口收的，有中途收的，也有在出口收的，不管在哪里收，只要跟高速沾边肯定一网打尽。我们习惯了一毛不拔，当没多远就一下子拿出90多欧元时非常不适应。我们一边微笑着往窗口递钱，心里却念叨着“大爷的”……

真不是因为掏了钱就产生偏见，正式见识法国是在高速路上的休息站。卫生间隔间的门好几个关不严，一边“坐台”一边还得用手拽着门栓；法国的洗手间同样没有纸篓，但好像马桶的嗓子眼比德国的小，手纸冲不下去，于是扔得满地；洗手台水迹淋淋，并没有预备洗手液，擦手油什么的；好在还没到气味呛人的地步。小超市倒是琳琅满目，顾客也不少。我想起在慕尼黑的高速路休息站吃过一种冰激凌，冰棍型，个不大，有果仁，味道极好，就谋着那个模样在这里也买了一只，吃了一口，嗨，死甜，猴腻，简直就是糖精拌淀粉，趁人不注意，我赶紧投手榴弹似的把这玩意甩出去了。

高速是不能再走了，神叉们一致决定走“楼扣”小道，小道果然不负众望，风光还是相当怡人。

德国与法国是紧邻，一个偏北一个稍南，也就像中国的两个省份。气候差不多，自然条件也差不多，但景象完全不同。德国的田地平整有序，黄绿相间不留死角，就像德国人严肃守纪的性格。点缀其中的房屋基本是尖顶红瓦，即使是最偏远的地区，也一丝不苟地挂满鲜花，体现了有人与没人一个样的自觉性。法国的田野则跟这里的主人一样散淡，半耕半荒，即使是农田也不一定横平竖直。房子是平顶土黄色，方向随意地零落在阡陌之上。若深入其中，时不常会发现一些“卫生死角”，这点与咱们中国高度疑似。道路弯弯曲曲沿一条不知名的小河向前伸展，河水不宽，但清澈无比，河边绿树成荫。

盛夏八月，正是苜蓿成熟之时，大片草场上，金黄的苜蓿草打成巨大的草滚等待装运。我们把车停在路边，挥舞着尽可能鲜艳的头巾窜向田野，冲向草垛（其实很大原因是集体内急）。内急缓解后人们兴致高涨，为了拍出理想的照片，我们连扛带顶奋力把田梅弄上草滚，她却两腿发抖不敢站起来，只好趴在草垛上微笑。还是二苗胆大，虽然爬的过程中屡次掉下来，但人家在草滚上敢往起站，拍摄效果自然好多了。有了前边俩人的经验，到托我时大家已很熟练，无奈用力过猛，令我呈“狗吃屎”状窜上草滚。可大家怎么费劲都没法把田小蕙弄上去，因为她不会配合，你越往上使劲她越往下

▍苜蓿草熟了

坐，结果只好在草滚边上做依恋状，反而独特动人。

法国的骄阳一样烤人，田梅戴了一条细布脖套用来护脸，我一试不错，就强行撕了一半套在自己脸上，加上我的一双黑布手套，成为司机和副司机抵挡强烈阳光的工作行头。就这我和二苗还是成了一对“黑手党”。在巴登·巴登高档化妆品专卖店，二苗伸出一双乌黑粗糙的爪子，非问人家有什么办法能把它们弄成细白水嫩！

折返马拉松

风光虽好不敢恋战，因为任重道远。中午时分我们到达一个叫布洛松的城镇。我不懂美术，但也听说过法国有个布洛松画派。据说布洛松画派是上世纪30—40年代风景画中现实主义的代表。该画派厌倦都市生活,主张走出画室，信奉“回到自然”。他们博收荷兰、英国风景画之长，又将它们融进法兰西本土之中。

因为约略知名，就对这个城市有些好感，我们在这里打听里昂怎么走，一个文质彬彬的市民指着反方向随口说了个“土的哇”（直走），我们掉头就一个劲地“土的哇”，在三岔路口，田梅再次问路，不知怎么问到一个光着膀子满脸横肉的男人，那男人挥舞着手里的锅铲，又往回指——“土的哇”！到底该往哪里“土的哇”，神叉们既愤怒又迷惑，一边骂着“法国大爷”，一边凭着直觉拐上一条大路。我开着车，路倒是挺宽，但久久不出现里昂的路标。一猛子扎出60多公里，路逢绝处，前面只剩一条窄窄的小道。这肯定不对了，无奈，只好掉头。这路上不仅没有岔道，连个可以问路的“活口”都没有。我们活活地又回到了原起点布洛松，整个跑了100多公里的折返马拉松。

路边站着几个行人，田梅根本不下车，看着我询问的目光，她没好气地说：“你看他长那样，像知道路

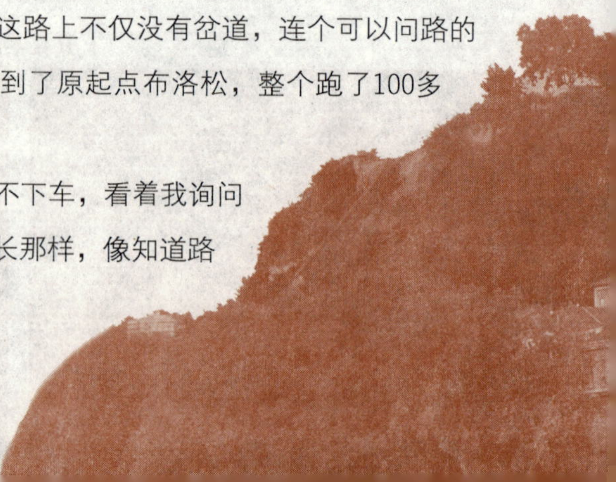

的吗？”我已经没劲儿了，换上二苗操盘，大家彷徨在布洛松街头。

说书的都好卖个关子，前边铺垫渲染半天，“正在这关键时刻……”接下来肯定是峰回路转，柳暗花明出现转机，我们竟然也体验到此种意境。

正当大家蔫头耷脑十分沮丧的时候，一个长得像明星的帅小伙儿骑着摩托车向我们开过来，田梅看见美男立刻打起精神下车拦截。法国人还有一样不好，几乎没人懂英语，多绅士的人也是满口“土的哇”“那的哇”，这也是法国人傲慢愚蠢的一面。但这不妨碍问路，地名加上肢体语言足以表达清楚我们的意思。法国男人一般个子不高，眉毛眼睛揪巴在一块，看着那么窝心。但这个小伙儿个子很高，高鼻深目英气逼人，身穿摩托服，戴着头盔，依二苗的话“整个一美国人”。那帅小伙儿表示可以带我们走出去，直到走上高速路。大家特别兴奋，遇见“法国雷锋”了，还那么帅！“法国雷锋”在前边潇洒地开道，后边二苗的绣花鞋猛踩油门，其他人等皆喜形于色。很快见到高速路的入口，“法国雷锋”挥挥手，很酷的一个掉头，绝尘而去。车里几个脑袋行注目礼似的齐刷刷追随，司机二苗那一刹那忘记了自己的职责，使车差点撞在电线杆子上……

擦肩而过的里昂

驻足里昂

终于看见里昂的路标了，田小蕙又开始磨叨，里昂怎么怎么好，希望逛一逛。田梅说，耽误了很多时间，今晚只能跟里昂擦肩，尽量多赶路，到前边一个叫威尔第堡的地方投宿。田小蕙心存不满，没精打采。我和二苗轮流开车，快600公里的时候，里昂到了，天也快黑了，众人筋疲力尽，饥肠辘辘，谁也没精神再走100公里赶到什么威尔第堡，因此决定进城在里昂留宿，田小蕙窃喜。

里昂是法国第二大城市，也是重要的工业城市，人口126万，在罗马帝国之前已繁荣，有着两千多年的悠久历史，1998年被联合国教科文组织列入世界文化遗产名录。作为水、陆、空交通枢纽，里昂是沟通北欧和南欧的交通要道，每日有45班高速火车通往法国各大城市及地中海诸大城市。里昂的科研和教育事业很发达，该市有20所高等院校，一些学校声誉很高，从而使得里昂成为除巴黎之外最重要的教育中心。里昂还是文化与艺术之都，拥有许多中世纪建筑和博物馆，每年都在此举办国际博览会。里昂的主要名胜有圣·让教堂，高卢罗马博物馆，富尔韦圣母院，古罗马大剧院等等。

我们把车停在路边，我和田梅徒步打听HOTEL。奇怪的是这样一座大城市却人迹寥寥，很多商店关门打烊，每个街道都很清静。原来正逢法国大假，人们都到海边或山里度假去了。HOTEL倒有几个，不是客满就是不营业，好几条街杀出去，扤得我和田梅两腿直打颤。最后还是一个中国留学生指给我们一个区域，说那里旅馆多而且便宜，并且给我们画出了路线图。等我们赶到驻地已是晚上9点多了。

欧洲旅馆多是双人床，这一路上基本是我和田梅同床，二苗与田小蕙共枕。我们租了小旅馆的两间房，每人20多欧元，除了床上能撂平，地上没预备活动空间，各处是预料中的脏，被单不像刚换的，而且匀不到每人一条，百叶窗歪歪斜斜，窗台渍着油腻，洁具根本不洁，脸盆比脸大不了多少，黑乎乎的。好在大家对法国的脏乱有心理准备，累得七荤八素也顾不得提意见了。为节省空间，闲杂人等一律上床，二苗和我好歹弄出几碗泡面，摘下脑袋倒进肚子完事。

偏僻的旅馆却并不宁静，管道敲击声、叫嚷声一夜不绝，从没纱窗的窗子不时飞进一些不明飞行物，在脑袋上空盘旋。里昂之夜，真闹心。

早晨，因为走迷糊了，我开着车在里昂的河边连转三圈，只当是观瞻了市容，满足了田小蕙逛里昂的愿望，然后一溜烟拐上A7号公路。今天还有500公里的路程，所以不敢在小路上贪恋美景。A7转上A8，交了30多欧元路费之后，我们直奔法国的蓝色海湾。

每当出门我总是带一本好看又易看的书，以消磨晚上睡不着觉的时光。《采桑子》是中年女作家叶广芩根据自己叶赫那拉家族所写的小说，分别叙述一个皇亲大家庭七男七女十四个子女的故事，每人的经历是个相对独立的中篇，连缀起来是一部非常生动的八旗世家风情画。其中用叶赫家族著名词人纳兰性德《采桑子·谁翻乐府凄凉曲》一词的词牌、词句作为各章节的标题，更是巧妙贴切，更显凄婉深沉。众神叉抢着浏览，我自己倒成了没书看的人。

轮不上的人在早晨经常问："看到老几了？""刚到四格格呀！"书中大格格是个京剧票友，对京戏沉迷到人戏不分的境界，她除了戏，对其他的都无所谓，生活中一直处于眯眯瞪瞪的状态。大家认为田小蕙与此人疑似，于是她被冠以"大格格"的称谓，接下来按年龄依次类推，我就从"朕"沦为了"二格格"；二苗本来拥有"二"的专利，却被称作"三格格"；田梅与小说人物毫不相似却成了"小格格"……一片混乱。

"大格格"田小蕙饱读诗书，秀外慧中，但打小算术不好，知道1+2等于3，不知道2+1也等于3。这次让她记个豆腐账，油桃5元冰棍2元什么的，一是没啥难度，二也因为她太闲。田小蕙为了不负重望，特意从家带了个计算器，还有小本，圆珠笔什么的，每天上车后煞有介事地开始工作。但不久大家就发现，她经常忘记公里数，或漏记某面包与鸡蛋钱。人家我的数学虽也不咋地，但和二苗一样都属于好为人师的“能不够儿”，经常督促她记账，甚至抢过笔来代填，这类举动大伤田小蕙的自尊，为此我和二苗也经常遭到怒斥。

越往南走越热，天高云淡，骄阳似火，滋润碧绿中逐渐加入热烈的黄色。经过马赛、土伦，下午3点左右我们进入蓝色海湾。法国蓝色海湾区镶嵌着热那亚、摩纳哥、尼斯、戛纳、马赛等熠熠发光的明珠，地中海也因此而炫耀。一看见蓝色的海，还有随风摇曳的椰子树，我们心里的燥热一扫而光。

首先进入的是戛纳，这其实是个很小的海边小镇，因为电影节而闻名全球。道路沿海岸线伸展，行道树竟然是高大的，盛开着粉红与白色花朵的夹竹桃。这种树在北方只是栽种在花盆里，细枝细叶的很不起眼，没想到在这里长得竟是如此饱满多姿，花开得也是如此绚烂。路边停满了车，尽是名

戛纳这个海边小镇因电影而闻名世界

车，还有一些绝版的老爷车。海边高高的椰树招摇得很美，金色的沙滩漫进碧蓝的大海，海面不时趾高气扬地驶过高档游艇，私家直升飞机炫耀着盘旋在上空。电影宫不如预想的辉煌，但在戛纳这个弹丸之地也算抢眼的建筑了。电影宫前铺着红地毯，灯杆上张扬着好莱坞明星的巨幅照片，宫前的花园里模仿着洛杉矶星光大道印了不少电影明星的手印。这是个展示辉煌成果，让梦想达到极致的地方。

由于没地方停车，我们只能放慢车速在这个小镇缓缓驶过，体验了一把影星走过红地毯的心情。

尼斯——盛名之下其实难符

我们预定的旅馆在尼斯（Nice）。从戛纳沿海岸再开车20多分钟就到达法国著名旅游城市尼斯了。

很久很久以前，这片土地就有土著居住了。在公元前后的漫长岁月里，它先后被古希腊和罗马交替统治。1706年，尼斯第一次成为法国的领土，7年后尼斯又被割让给西西里王国，直到1860年，尼斯才重新回到法国的版图。最近的40年，尼斯制定了一系列新政，发展迅猛，成为全欧洲最具魅力的度假胜地。

久负盛名的尼斯海滩

尼斯广场及货摊

在地理上，尼斯三面环山，一面临海，有着7500米长的海岸线。阿尔卑斯山的阻拦，使尼斯免受寒冷的北风侵凌。冬暖夏凉是这里最主要的气候特征。临海的地型又造成了尼斯一年四季阳光充沛，天气晴朗。尼斯的阳光与蓝色海湾成为法国人的度假天堂，每年数百万名游客来到这里，就只为看一眼尼斯的阳光。

然而，如此富有盛名的尼斯却令我们非常失望。

首先是人多，旅游点犹如中国“五一”“十一”的七天长假，人头攒动，乌泱乌泱的。人多咱不说什么，集中放假的弊病嘛，但脏乱差就说不过去了。街上到处都是渣土垃圾像个工地，满地痰渍可与印度媲美，吸毒要饭的扒着车门不放，挺美的古典建筑窗扇却耷拉着。流浪汉占据着停车场，有车来他们就强行指挥你开进他的车位，然后索要小费。田梅给了他半个欧元，那个满脸胡子的流浪汉嫌少竟不屑地把钱摔在地上，嘴里不干不净地骂骂咧咧。这架势还真把我们唬住了。没接洽上旅馆大家不能当时取东西，于是我们就用头巾严严实实地遮住行李，又反复证实车上了锁，才敢离开停车场。

我们预定的旅馆在市中心，招牌挺大，门脸狭窄，进门不见人，原来接待处在面对大门的二层楼梯拐弯处。齐楼梯封着铝合金的门，门不太合槽拉着挺费劲，一张桌子后面挤着一个人，桌上摆放着一些文件，桌前站不下我们四个人，俩人得在铝合金门底下的台阶上立着，真够省地儿的。

拿了钥匙我们爬完剩下的半层楼梯，从二楼开始居然有电梯！令失望到极点的田小蕙重新燃起了希望。电梯很小，只够俩人摒住呼吸侧身而立，若拿了行李只能容纳一个人，还别太胖。出了电梯左右两个门，里面黑黢黢的各有四五个房间门，因为不通风又铺着劣质地毯，一股霉味迎面而来，我们捏着鼻子摸到最里间。一开门，大家立即凉了半截，两张大铺连在一起，底下估计是用砖垫起来的，还没小板凳高，通铺对面一张脏兮兮的桌子，根本没椅子。紧里边用两米高的塑料板隔出两平米的地方，一角是马桶，另一角淋浴。卫生间与睡觉的地方上方相通，湿气臭气满屋蒸腾。一个朝北的窗户，百叶上满是泥垢，开不大也关不上。

我们这一路固然崇尚节俭，但原则也是干净舒适。何况这里每天每人也25欧元呢，价格不算低了，德国的监狱都应该比这好吧。神叉们面面相觑谁也不敢往“炕上”坐，我们决定——换房。

正值旅游旺季，旅馆酒店基本全满，但我们还是找到一家HOTEL，比较干净，比我们那家还便宜，神叉们大喜。但那家旅馆已经收了全款，为了拿到退款，我们决定再次启动“大牌演员”田小蕙。我和二苗搀着“肚子疼”的田小蕙艰难地走到前台，田梅满脸焦急地与工作人员交涉：我们的同伴老病复发，必须赶明天的飞机回国，能否退一天房？工作人员头都没抬：可以退房，不能退钱。我靠！连说第二句话的机会都没留，丫法国人有大爷没有！

驱车500公里，连澡都没洗成，不能换旅馆，诸多的窝囊在傍晚都得到了缓解。屋里不忍目睹，但尼斯的广场还是很美的，尼斯的海还是很蓝的，尼斯的海鲜还是非常好吃的。和许多沿海城市一样，尼斯也沿海岸线设置了许多露天的酒吧、餐厅、咖啡馆，游人可以任选合乎自己口味的食品。

神叉个个心存不满，决心“堤外损失堤内补”，不甩开腮帮子吃个肚歪决对不起自己。我们挑了一家意大利人开的海鲜馆子，我要了生牡蛎、田梅的穆斯仑、田小蕙爱吃大虾、二苗想起烤鱼，还不忘饭后甜点冰淇淋，总之一副“不过了”的架势！先是餐前面包，众人大嚼大咽；然后海鲜轰轰烈烈地上来了，又是一通饕餮，吃相就不用说了，“抗大”学员似的，跟抢差不多。看着大盘大碟，但去壳去皮没吃进多少东西。眼瞅着半天没人搭理我们，估计也就剩下冰淇淋没上了，可肚子还是半饱。想到晚上躯体要横陈在那么脏的法国床上，就觉得更加不能委屈肚子。我决定到另一家餐厅再去补充一盘意大利面。当我的“斯拜盖蒂”刚端上桌，二苗风风火火地跑过来：“快回去，还有主菜哪，刚上来！”原来欧洲人吃饭不同于我们，每道菜吃完，收完盘子厨师才动手做下一道菜，优雅细致从容不迫，一顿大餐得照着俩小时干。人家没料到我们第一道海鲜10分钟就风卷残云了，手忙脚乱地赶紧忙活下道菜，还没等端上来，人家我已经换桌了……等我吃完意大利面已经撑得弯不下腰了，那仨人幸灾乐祸地看着我，二苗炫耀地摆弄着盘子里的烤牛肉，出声地吧唧着生菜叶子，喂牛似的，真没劲。

回到旅馆我一边铺着臭气烘烘的床一边恨恨地说：“谁再来法国谁孙子。”田小蕙有不同意见：“免费还行，五星级酒店。”田梅觉得不够本：“总统发邀请，还得带家属。”二苗更狠：“警车开道！”既然大家都这么说，我也不再坚持不来的主张：“那还得死气白赖地央告我！”二苗一声：“P-ei呸！想得美。”大家笑声一片。

我们终于并排码在资本主义肮脏的炕上，还都睡着了，人的适应能力真强。

富人的天堂 穷人的晾晒场

今天我们游览摩纳哥，摩纳哥离尼斯也就半小时车程，但听说那里不好停车，就决定乘火车，火车只40分钟，票价3.1欧元。

进入摩纳哥立即感觉不一样了。这是一个仅仅1.9平方公里的袖珍小国，却毫不胆怯，自成一派。700多年前意大利的格里马迪家族从热那亚人

坐山面海的弹丸小国摩纳哥

手中买下了这块地中海岸，建立了公国。如今已成为全世界最富有的国家之一。

地中海的风情，纸醉金迷的夜生活，风景宜人的蓝色海湾，流连于碧波之间的美女伊人，还有多姿多彩的上流社会生活，是摩纳哥生活的真实写照。除了优雅的生活环境，优惠的税收制度也是吸引世界新贵的原因。当然即使摩纳哥免除了税收，高消费也会让“大款”口袋里的钱像飞驰的赛车一样转瞬即逝。

1955年春天的戛纳电影节，国王兰尼埃邂逅奥斯卡影后格蕾斯·凯

丽，一见钟情。第二年春天他们在蒙特卡罗大教堂举行了盛大的婚礼。皇后格蕾斯·凯丽是给摩纳哥带来好运的女人，各界名人与好莱坞明星慕名争相在这里投资，摩纳哥很快暴富。但不幸的是，这个女人死于一场车祸，国王说，他的世界从此孤独。

宫殿在摩纳哥的北山，远看辉煌壮观。顺王宫坡道下来，就是摩纳哥港，港湾上停泊着超大超豪华的游轮，清一色米白，沉稳而帅气，亮晃晃的海面像撒了一网金子。

除了游轮还有赛车，每年5月，F1轰鸣的马达声，搅动着蒙特卡罗的大街小巷，这里的居民骄傲地说，我们可以站在家里的阳台上看赛车！据说蒙特卡罗的赛道几乎没有经过修改，却非常惊险刺激，有人统计，车手平均需要换挡3000次。在如此风光旖旎的地方玩命，不知是什么感觉。

建在山脉上的蒙特卡罗，是全世界最有名的大赌场，辉煌得仿佛空气中都流动着碎金子。在这里，奔驰、奥迪决排不上号，赌场门口停的不是林宝坚尼就是宾利、法拉利……名车前会有不少人观赏，与车合影，但没人动手触摸。

建在旁边的是巴黎大酒店，据说这个饭店的顶楼内藏玄机，在这里不仅可以品尝美味佳肴，天花板还能自动开启。晴朗的日子，打开天花板又是一道风景。

在蒙特卡罗寻欢处处要钱，包括在海滩晒太阳。在那些高贵的太阳椅上和遮阳伞下，躺着世界上最出风头的男人与女

人。豪客们乘直升机、游艇、宝马香车纵横驰骋，街边却没有为平民预备一把座椅。名流美女锦衣玉食、优雅从容地出入酒店赌场，百姓在烈日下没处躲藏。这里是富人的天堂，穷人的晾晒场。

我们走得累了，加上干面包噎得直翻白眼，就索性在巴黎饭店的咖啡座找了一张桌子，四杯可乐20欧元，总算理直气壮地坐下来了。可一坐下老毛病就犯了，三分钟过后，桌上剩下四只空杯子。大家互相埋怨，这是什么地方，咋就不能放慢速度嘬得优雅点呢？虽然还没歇过脚来也不好意思对着空杯干坐，于是起身有一搭无一搭地逛商场。居然发现一款很中意的手包，名牌——LONGCHAMP，花68欧元买下来。（后来在巴黎发现比这里略贵，心里稍微平衡了些。）

我们的火车票是往返的，两点我们准时赶到火车站，谁知火车却不准时。听这里人说，法国的短途火车误点不新鲜，这可能与法国人的性格有关。乘火车的多是法国观光客，自然是平民居多。车站里没有座椅，连靠的地方都没有。人们沿墙根席地而坐，两腿尽情伸展，一个个热得肆脖子汗流，喝水的、扇凉的、拍孩子睡觉的，一派自由散漫，但是没人大声喧哗，也没人提意见。

回到尼斯“大车店”，已是下午5点多了，简单洗了洗，屋里立刻雾气蒸腾，我们赶紧逃离了现场。

这两天田梅算了一下账，我们的经费使用比预算节省了不少，大家跃跃欲试，大手大脚有了苗头。昨天在那家意大利海鲜馆吃顺了嘴，今天我们又莅临尊馆。仍然是每位17.5欧元的套餐，只有田小蕙点了大虾，也是17.5欧元。餐前面包上来了，奇怪的是，没有昨天品种丰富，酱也少了两种，再看跑堂的小伙儿，笑嘻嘻地一个劲冲我们唱歌，虽然意大利语听不懂，但“玛尼玛尼”的知道是说钱，田梅恍然，肯定是昨天没给小费，今天又来了，人家委婉地给咱打预防针呢。中国人社会主义惯了，出门没有给小费的习惯，虽然到欧洲大家互相提醒，昨儿吃得高兴还是忘了。按说意大利人没那么多心眼啊，还不直说，唱什么唱？我们赶紧“YES，YES ”，跑堂的这才不唱了。

要说会吃，还得属“大格格”田小蕙，人家把最鲜嫩的大虾留在一边，准备最后吃，然后余香满口，回味无穷，美食家把这叫做“一口香”。二苗先把自己那冒尖的一盘子吃完了，舔嘴匝舌之际，两眼盯上了田小蕙的大虾：“你怎么不吃那虾呀？”田小蕙深知二苗的吃德，赶紧用手护着自己盘子里的精华：“你管得着吗”……各位丢人的言行不忍目睹。

我们饭后照例在海边散步。尼斯的海滩没有细沙，全是碎鹅卵石铺就，很硌脚，不如我们三亚。晚上尼斯海岸灯光闪烁，和所有海滨城市一样，各种游乐设施开始启动，海滩上有散步的老人，有骑双人自行车的情侣，还有玩轮滑的少年很潇洒地从身边掠过。难得的是，海滩上支起一架白色的三角钢琴，一位身穿燕尾服的青年正在弹奏贝多芬的《月光奏鸣曲》，苍茫海天，皓月当空，配着那优美的旋律，倒是一番非常的浪漫。

夜晚继续忍受肮脏的床铺，窗外的嘈杂持续到凌晨，然后被冲刷街道和倒垃圾的卡车声接替，直到天亮……

香水城格拉斯

早晨7点离开尼斯，行车50公里，上午10点我们到达世界最有名的香水城——格拉斯。这个小镇位于盛产各种香料的法国南方普罗旺斯地区，就地有取之不尽的材料，用古老的方式研磨蒸馏，制造出闻名世界的香水，远销全球。

一进入香水小镇，立即可以见到明显的标志，环岛中央矗立着一组巨大的铜制香水蒸馏锅，没有丝毫艺术修饰，只是比真正的蒸馏锅大三四倍，明确地告诉我们这里是干什么的。

这个小镇有四十几家香水厂，离得都很近。我们走进其中一家，接待的小姐很热情，带着我们参观，并免费为我们讲解，这也是香水厂的宣传意识。

格拉斯的香水制造有很悠久的历史，中世纪人们已经知道从香草中可以提炼香精了。那时的人们把花瓣一片片贴在凝固的动物油脂上，吸取花瓣中的香精，半年之后，人们把动物油融化，再经过熬制和反复过滤，原始的香油就产生了。后来人们学会了蒸馏，提炼出纯度更高的香精。由于工艺复杂，制作时间长，成本非常高，所以中世纪只有贵族妇女能够享用香料。尽管格拉斯的很多厂如今还保留着比较原始的工艺流水线，这已经是为了再现历史。如今格拉斯的香水制造已成规摸，工艺非常先进，现在一般的工艺是，先蒸煮原料，蒸气带出香味，再浓缩，生产1升精油大约需要200公斤熏衣草，或3000公斤玫瑰花。味重的原料可做男士香料或冬天用的化妆品。

香水是从香精勾兑而成的，各厂都有自己的秘方，也都有自己的品牌。对于香水制造业来说，香水鉴定专家更是至关重要的财富，他们鼻子的保险额都在百万欧元以上。据说全世界只有15位顶尖级的勾兑大师，弹丸小镇格拉斯就拥有这种品级的大师七位，可见此地的制造实力。

讲解小姐在最后的环节变成了导购小姐，这虽是预料中的，但大家还是心甘情愿地解囊，因为参观过程中我们建立了对产品质量的信任。

穿越韦尔东大峡谷

接下来我们要穿越阿尔卑斯山的韦尔东大峡谷，今晚的目的地是法国南方的卡瓦荣。在尼斯的两天除了吃，神叉们给法国不断减分，逐渐形成成见。今天法国终于给了我们为它加分的机会。

阿尔卑斯山是欧洲最高大、最雄伟的山脉。它西起法国东南部的尼斯，经瑞士、德国南部、意大利北部，东到维也纳盆地，绵延1200公里。宽120~200公里，最宽处可达300公里。山势高峻，平均海拔约达3000米左右。

阿尔卑斯山区是古地中海的一部分，高大的褶皱山脉也是在喜马拉雅造山运动中形成的，山势特别险峻。

穿越的车辆很多，几乎形成车队，这是我们没想到的。汽车开始盘山，一个急弯连一个急弯，不仅如此，盘山路很陡，车子几乎呈45度在道路上攀爬，有一段时间司机一直大幅度地打着方向盘，而我们的眼前则永远“立”着路。人在车里身体向后倾斜，必须抓住什么才能保持平衡。前边是车，后边也是车，我们夹在中间，不能开快也丝毫没有退路，万一停车，在那么陡的路上“坡起”可是很要劲的。田梅脸色煞白，死死拉住扶手，好像一旦发生意外这样便能解除危险；田小蕙双手攥拳，掌心全是汗。没人敢出声，怕影响司机的注意力。

然而景致实在美，每一道弯的景致都不一样，或是深不见底的槽谷，壁如刀削，车子临近不由人一身冷汗。或是岩顶上一座角峰，孤拔凛然，让人

韦尔东大峡谷

心生崇敬。或是迎面扑来半壁褶皱山岩，神斧劈凿般地直上直下，车队与之相比，蝼蚁一样渺小。或是穿行于夹缝一样的山谷，抬头只见一线天，如在深渊一样地令人向往蓝天。自然的力量令人震撼。二苗开车不断受到险峰奇景的影响，还在左顾右盼，大家严厉地批评了她，换上我掌舵，二苗被“撤换”，嘴里嘟嘟囔囔，其实心里巴不得，她在后座上打开窗户一个劲拍摄，这自然也是大家期望的。

这次出门我们没有走山路的思想准备，而且是这样险峻的山路，不然肯定会租一辆越野车。穿越韦尔东大峡谷是临时决定，因为闭塞，旅游者轻易走不到这里，既然有车，我们谁都不想错过这样一处难得的景点。我很少走山路，尤其是这样陌生险峻的路，汽车马力不够，又承载着四个家庭的“顶梁柱”，心里也打鼓，但，既然只能前进，只有加倍小心。

快到顶峰，道路终于逐渐平缓，车队的速度也慢了下来，远远的峭壁上矗立着一个哥特式小教堂，教堂的尖顶伸向云端，很神奇。又转过一道梁，居然出现了一个隐在群山环抱中的小镇。小镇背靠巍峨的山岭，掩映在绿树丛中，一道拱型桥把它和公路连接在一起，桥下清水潺潺。小城依山而建，道路随地势起伏，狭窄的小街两边是挂满鲜花的小店。旅游纪念品琳琅满目，游人如织，小镇充满了生气。跨过公路是令人晕眩的悬崖峡谷，峡谷中呼啸奔窜着碧绿的瀑泉，真是一处绝佳的风景！

游人都是奔这里来的，这里是自行车拉力赛的绝好练习场，也有人全副武装地攀岩，登山爱好者汗流浃背地跋涉，更多的人下到深深的谷底乘筏子漂流，玩累了在小镇的凉伞下喝杯冰咖啡。还有人把房车泊在树阴下，架起炉子烧烤。也有人索性就在小镇住几天，悠哉游哉看山中日出日落，有一搭无一搭地逛街，慢品小镇风情。

由于定好了卡瓦荣的旅馆，我们只能是匆匆过客，其实谁都不想走。二苗的相机没停，但也没过瘾，她不甘心，让我们开车到前面等她，她要在山路上走一段。法国人集中放假，而且都到旅游点集合，所以山上车辆很多，虽不至于拥堵，也不方便停留。我们勉强把车停在一个拐弯处，田梅下去找二苗，这期间我屡次受到后面车辆鸣笛警告，只能装听不见。一会就见二苗和田梅急匆匆赶来，阳光下二苗的脸色竟和乍着的头发一个颜色，晒得和非洲人民似的，不用说我也一样。其实二苗若不整天在外疯玩曝晒，皮肤很好，出门她比我们都注意保养，经常晚上贴张面膜吓唬人。好吃的人为嘴伤身，爱玩的人为玩毁容，谁顾得了那么多。

下山时路过一个集市，熙熙攘攘很热闹，我们买了薯条，就着早晨买的法国棍面包、水果，就算吃了中午饭。下山的路很好走，路过几个热闹的小镇，山青水秀，鲜花盛开的都很美，我实在忍不住就要求在街边的咖啡座喝杯冰可乐，这样的景致绝对不能走得太快了。

山中奇遇

走入平川，进入著名的梧桐大道，终于见到了法国特有的梧桐树，在国内也常见梧桐，并没见怎么出色，而在法国本土，梧桐是主要树种，成林成片，高大得犹如中国北方的白杨，却又多姿多彩。在欧洲，常见到巴洛克式园林，园丁们将花草树木修剪得完全不见本色，随意拼出各色图案。那虽也是一种美，但太过修饰，总是一种扭曲。而这漫山遍野恣意生长的梧桐，展示出一种勃勃生机，即使作为行道树也充分体现出自由的美。神叉们又惊呼起来："加分加分，给法国加分！"

法国南方的特色是日照强烈，色彩丰富，为此也吸引着许多画家来此创作，出色作品使一批画家成名，也使法国南方定格为"阳光、多彩、葡萄园与薰衣草"的独特风情。薰衣草的成熟在6月，据说那时普罗旺斯地区是铺天盖地的紫色，空气中的香气使人整天处于微醉状态。而现在是8月，大片薰衣草已收割完毕，此番景象是见不到了。

下午5点，我们经过320公里行程，到达法国南方城市卡瓦荣。住在一个

南普罗旺斯地区的梧桐大道

叫“TOPPIN”的旅馆。这个旅馆不大，但非常干净，我们住在顶楼，有两张双人床，一个老虎窗外是倾斜的屋顶，典型的欧洲住宅。虽然热，但早晚温差大，所以法国家庭一般不安装空调，只给我们准备了电扇。下两层楼梯还有一个巨大的平台，设有摇椅、吊床，还有很浪漫的石桌石凳，甚至还有石头做的桌灯。经过里昂与尼斯的脏乱，我们对卡瓦荣的环境非常满意。田小蕙立刻嚷嚷着：“多住两天。”大家确实都累了，但尼斯两天存了不少脏衣服，于是赶紧“洗刷刷”，不一会，平台与窗棱上就挂满了万国旗。

卡瓦荣是普罗旺斯的名城，属于鲁贝隆山区，它不像阿维尼翁那样繁华，也不像阿尔那样闭塞，这里交通便利，又很古朴安静，是作家和画家最钟情的城市，很多艺术家长期旅居在这里。卡瓦荣并不大，很干净的小城，没有公交车，沿街有一些餐厅、店铺，有一搭无一搭地做着生意。除了主要街道，巷子都很窄，胡同里几乎没有人，也不知人都上哪去了。偶尔有一两个行人，迅速就隐没进房子。法国的房子是乔治亚式的，窗外另加百叶窗，防晒通风也防蚊虫，也可能还为保留私密性，但关上百叶窗，就像个仓库，晚上别说万家灯火，黑乎乎的简直瘆得慌。我想起曾看过的一本书《永远的普罗旺斯》，描写了这里宁静寂寥的生活，也许法国人是甘于淡泊的吧。

卡瓦荣的街道都是斜的，对于我们这些习惯了街道正东正西的北京人来说，很容易迷路。开车时都是田梅问路，养成了惯性，徒步我们也不动脑子，一到岔路口，三张嘴一块问“怎么走？”气得田梅直愤怒：“我是指南针啊，指南针还得自己看呢。”我说：“你不指道儿谁指道儿？”走着问着还真迷路了，怎么也找不到家门口的宽马路和小喷泉。正转腰子之际，隐约传来一阵音乐声，我们循着高音喇叭，来到一个楼群中的小广场，原来这里是夜市，大排挡蒸腾着饭菜的香味。

神叉们都饿了，一天没吃什么东西，又听说卖的是久已慕名的西班牙海鲜饭，就一通乱买，还弄了一瓶葡萄酒，在猴脏的桌子上开始饕餮。结果葡萄酒没葡萄味光是酒精，海鲜饭没见海鲜净是干饭，害得那三位胃里火烧火燎，因为饭里混进了鱿鱼的须头巴脑，使得朕连夜犯病，肚子疼了半宿。

第二天上午想调整半天，怕万一严重了给大家添麻烦。正好小说《采桑子》轮到我，可以在天台喝着绿茶看小说了。

中午时分，那一干人等兴兴头头地回来了，她们去了一个叫LaBeigerie的小村，还给我带回了在葡萄园直接采摘的葡萄，一大篓子只要3.4欧元，而她们一个个已经吃得嘴唇泛紫了。吃着香甜的法国葡萄，看了看各位上午拍摄的战绩，确实不错，怨不得大格格口口声声喜欢这儿。自从进入普罗旺斯地区田小蕙就特别兴奋，祥林嫂似的老念叨着熏衣草、葡萄园、酒窖……其实我们也都喜欢这些，就商量着找个有酒窖的人家把她嫁到这算了，家道殷实不殷实无所谓，只要每年能给姐儿几个出机票免费上这里玩一趟就行。

中午睡了个午觉，舒服至极。但这令宋二苗十分不能容忍，她一直嘟嘟囔囔“开车好几万公里上这睡觉来了……”二苗的玩性忒大，玩法各别，很

普罗旺斯民居

多时她仅仅满足于别在家待着。有几次她干脆把护照扔给我们替她办理一切手续，直到上了飞机她才想起问："咱们去哪？" 她绝对不懂"磨刀不误砍柴功"的道理；更没有"玩到酣处甜一觉"的境界。

普罗旺斯风情

下午，我们逛卡瓦荣一个叫st.Remy的小镇。在酷热的普罗旺斯，我们遵循"暑热无君子"的教诲，大家不着正装，随意穿着吊带。田小蕙甚至穿着睡衣就溜达出来了，反正谁也不认识咱，问起来还可以拿"福冈"抵挡一阵子。

法国南方有点像夏日的新疆，阳光灿烂但并不闷热，一阵微风就能带来一阵清凉。青藤慵懒地爬满一家家的短墙，抵挡不住地盛开着天竺葵与牵牛花，空气中似有似无地飘散着清香。山脚下是大片的葡萄园和橄榄园，给土黄色的主调掺进一片茁壮的绿。车子行驶在梧桐大道，繁茂的树冠搭成空中阴凉的桥，美丽的乡间风光。

st.Remy小镇是名副其实的小镇，只有一条主街，却有一个非常漂亮的教堂，教堂建于300年前，是个文物。与之相配的老房子，带着中世纪的风采，保存完好。小镇中心有几家店铺，里面的服装、瓷器不仅带有民族色彩，而且非常精致，引得我们驻足流连，还勾起了田梅的购买欲。田梅身材瘦削，可也不是穿什么衣服都好看，她基本上算有眼光，但也差点将自己丑化到世界之最。一件长裙被当腰一条宽宽的黑布拦截，就像杂技“大卸八块”一样地上下断裂，加上裙子宽松，使瘦小的田梅像稻草人似的不像那么回事。还好，她在大家的痛斥下及时改变意见，终于还买到一件可体的连衣裙。

买到可心的衣服还不是最令人高兴的，我们此番st.Remy之行真正的收获有两个。

一是意外发现了梵·高故居，这可是我们一直想找而找不到的。

梵·高是欧洲最伟大的画家，这个只活了37年的荷兰人，在绘画领域敢于探索，他的肖像与象征主义创作独树一帜，开一代画风。然而梵·高一生穷愁潦倒，加上他过于敏感内敛的性格，使他的画风一直非常阴郁。

1888年2月，他与高更结伴同行，到法国南方的阿尔写生，长达一年之久，这是他艺术风格转变的最重要的时期。我一直不理解梵·高作画时为什么那么投入而富有激情，连一个向日葵也能画得那样令人震撼。也不明白为什么晚期他的作品一改阴郁的画风，色彩倍加明亮。到了这里我才明白，那是因为普罗旺斯的太阳——可以把头皮晒裂的太阳。灼热的阳光可以晒干所有的做作与矫情，所剩的只能是发自内心的生命原始味道。从此梵·高的艺术眼界大为开阔，他开始以完全不同于过去的方法作画，画面色彩强烈，色调明亮。南方强烈的阳光和阳光照耀下的城镇、田野、花朵、河流、农舍和教堂，使他禁不住一遍又一遍地高喊：“明亮一些，再明亮一些!”在他的画中，总是一片色彩和笔触的狂欢，这种画面所造成的气氛效果表现出一种罕见的旺盛的生命力。

在绘画上梵·高当然无可挑剔，但在为人处世上，他是个非常失败的人。这个出生在荷兰乡村牧师家庭的农夫画家，一生孤僻、性情极端，任何社会环境都无法容纳他。他情绪低落，在弟弟的鼓励下，才创作出一些伟大的作品。他的生活却要靠弟弟提奥维持，梵·高一辈子只卖出过一幅画。这个极端的画家，在与高更激烈争吵后，竟割下自己的一只耳朵，并且用手帕包着送给了自己的一个情妓。此事件之后梵·高精神逐渐分裂。1890年10月，在与给他治精神病的医生发生争吵之后，他突然开枪自杀，结束了自己的生命。

梵·高故居靠山，周围是一片林子，古木森森，很幽静。从一条深深的小路走进去，孤零零一座小楼，就是他当年多次前来写生的住处。故居保留着当年梵·高生活的样子，虽然家具简陋，但房子很有味道，两层，穹顶像个窑洞。四四方方的天井中种满了鲜花，边上是水泥回廊（当然维修过）。梵·高的屋子在二层，从窗户可以看到太阳在山巅陨落，这地方很符合画家孤僻的个性。其实这里很少有人来，但故居仍然收费，每人4欧元，工作人员旁若无人地整理着梵·高画作的复制品，到点才关门。

在梵·高故居的后院我们又斩获了第二个意外。

那里竟然有一大片尚未收割的熏衣草。熏衣草丛生，一蓬蓬的，枝条向上，大片种植时一眼望不到边，到花开时节，淡紫的花茎争相向空中伸展，很蓬勃怒放的景象，是一种令人感动的植物。摄影师喜欢从低角度拍摄，使画面很有冲击力。迎着夕阳，我们脚下的熏衣草呈现出一片高贵的金紫，微风拂过，芳香扑面。田小蕙乐得手舞足蹈，说话声都岔音儿了。这几天她到处踅摸熏衣草，偶然见到房前屋后的几棵，都要做贼似的拔几棵，然后宝贝似的藏进箱子里。如今她立刻扑进草丛呈癫狂状。当然癫狂的不是她一人，

普罗旺斯乡村

全体神叉都像“晚期梵·高”一样不正常，舞之蹈之，呼之喊之，正道是，歌有破锣之音，舞有鬼怪之态，但都表达出一种由衷的欣喜。这帮人有两点好，一是不懂含蓄人来疯，二是互相不嫌弃。至高无上的追求就是乐，只要由衷，只要高兴，别人爱怎么看怎么看，如入无人之境。这种情绪其实极有感染力，两个参观故居的法国人先是惊讶地驻足观望，没见过有人这么放肆，后来蹲在田边跟我们一块傻笑，接下来主动为我们拍照……

离开梵·高故居，我们漫无目的地在乡间遛达。平时只要吃不好，或吃不饱，田小蕙她老人家就要打蔫。今天看到熏衣草她倍儿兴奋，也不嚷嚷累了。看到指路牌上指示着附近有私家酒窖，她就撺掇着要去。

在一片橄榄园的深处有一处农舍，这就是指路牌的终点。没看见什么酒窖，却看见门口站着三个同样挺着酒糟鼻子的脏兮兮的老头，心里直起疑。他们看到几个风姿绰然的半老徐娘走近，立即笑嘻嘻地迎上来。田梅跟他们打听酒窖，一个老头奔过来握住田梅的手就不撒开了，其他的一个劲把我们往屋里让，用法语喋喋不休地说着什么，别的听不懂，只听出：“有酒有酒……”我瞥了一眼屋里，乱七八糟的不像个人家，于是就给二苗使了个眼

色。见我们不进去，这几个老头又提出要跟我们合影。出于礼貌，而且照完也能删，我们就同意了。这几个老帮子竟一人搂一个美女，笑得满脸褶子开花，真够腻味的。逃离之后，我们问田小蕙："还往酒窖里嫁吗？"田小蕙连连摇头："谁上这来呀。"遇到这么扫兴的事，谁也没有再逛的兴致了，于是打道回府。

晚上，我们在卡瓦荣一家没人懂中文，也看不懂中国字的中国餐馆吃火锅。田小蕙在餐巾纸上画了一只火锅，画上一头牛，冰雪聪明的伙计立刻明白了，准确无误地给我们上了菜，大家热火朝天地开涮。觉得很好玩。

在卡瓦荣的第三天，我们驱车320公里，却完全是无功而返。

原定上午赶集，但稀稀拉拉的集市上根本没有期望的风情与特色产品，有点像80年代的平谷农村集市。但是我们找到了《普罗旺斯》一书中多次提到的Auzet面包店，这里的面包有好几款都获得过金奖，将各种面包都买了点尝尝，确实不错。吃完面包全体返回。

我们在卡瓦荣没有具体计划，可以随意安排项目。这里的地图上倒是五花八门地标出不少景点。但昨天的经验告诉我们，大多有名无实，类似"酒窖"的情况不在少数。细致浏览一遍资料，竟没什么值得一去的。

其实心态不同，对美的感受也会不同，只有静静地住下来细细品味，才能感受到卡瓦荣那种安详慵懒的小资格调。要说明的是，我们还是一种"过客心态"，这种心态的特点就是浮躁。浮光掠影，走马观花，喜欢"惊艳"，大红大绿的刺激，却略过了貌不惊人的"味道"。

所以我们怀念韦尔东大峡谷，决定再度造访，于是我们又犯了另一个错误。所有刻骨铭心的印象，都因为是第一次，原版的重复是无法再找到那种感觉的。当我们千辛万苦赶到韦尔东，尤其是走错了路，来到一马平川的山上，这里没有高山峻岭，没有奇石飞岩，没有悬崖小镇，也没有深谷中奔窜的急流……只有山崖下平平静静、浩浩殇殇的圣十字架湖。那种失望是不可言说的。倒是田小蕙，因为不愿辛苦，今天在家独览《采桑子》，沉浸在大格格的世界里，当了一天阳春白雪的“文学青年”，还避免了受累与失望。

法国如厕难

要说收获也不是没有，我们用此生都未经历过的尴尬，考察了法国的如厕状况。

我估计法国人人都有一个好肾，特能憋尿。要不为什么到处都没有公厕呢？我们就不行了，二苗那什么下垂，压迫得肾脏存不住东西，平均一小时得往洗手间跑一趟。这一趟出行，她很大的一笔开支都扔在欧洲厕所里了。田梅小时得过急性肾炎，为此都没当成电话兵。据招兵的人说，她要是老上厕所，多影响接电话啊。我的肾倒没毛病，可也没修炼到一天只一次的程度。

上午我们走到一个城镇，到处未见卫生间，于是走进一个超市。偌大的超市根本没为顾客预备厕所，仅有的一个男女合用的洗手间是供员工使用的，还上了锁。幸亏田梅连英语带比划的能跟法国人搭上话，就跟一个男员工拆兑。那人看田梅一弱女子内急，马上动了恻隐之心，但见到她身后一左一右跟着我和二苗两座虎视眈眈的黑塔，就有点狐疑，最终他还是把钥匙给了田梅。我们飞快地闪进厕所。田梅一边痛快一边对站等的我和二苗说：“以后别跟着我，俩悍妇似的，谁敢给钥匙呀。”靠，不就上趟厕所吗，搞得跟特工似的。我想起早年在兵团的时候，星期天我们经常男女搭伴走20多里路进城打牙祭。为了能搭上车，常由一个女生或由一男生戴个围巾扮女妆搔首弄姿地站在路上截车，其他人躲在沟里等。那里的司机都好色，见女人截车一般都停，既做了好事又为自己长途开车解了闷儿。等司机一停，大家蜂拥而上，对一群三青子的兵团战士，司机们都敢怒不敢言。后来当地人熟知了我们的伎俩，无论男女从此都再也搭不上车了。今天在法国为了上趟茅房而故伎重演，真够逗的。我当即封田梅为“茅厕小组长”，今后找卫生间的事归她了。

中午时分大家又告急，当时我们行驶在一马平川的山上，没有厕所不用说了，远近多少公里全无遮无挡，公路上车流量还不小。我们看见一些车停在路边，男人们一转身就解决了问题，我们怎么办。遇到这类问题二苗永远有办法，她的话“活人还能让尿憋死”。她把车停在路边，把靠里边的两扇门打开，人在中间前后都有遮挡，即使有车驶过，知道干嘛也看不见干嘛。我和田梅依次照办，瞬间脸色平和了许多。

下午，我们返程，途经一个被水环绕的小村，这也是地图上标示的景点。这类水乡在我国南方江浙一带很多，周庄、同里……古香古色的比这美多了。可能法国人见识少，一放假全往这集中，游览的大小车辆塞满了小村的所有道路，满街筒子都是人，沟渠里边全是船。这个根本没有那么大容纳量的村子，就像撑得过饱的胃，费劲地蠕动着。我们在村外拍了几张照片就撤了。

一天中发生第三次内急不算新鲜，这次是在一个小镇，二苗开着车从城东找到城西，就是没有厕所。车里音响中的歌手没眼力价地通过音箱还在使劲抒着情，气急败坏的我粗暴地让她闭了嘴。二苗开着车尽往住宅区走，一家一户大门紧闭根本不可能接待陌生人如厕。我们互相埋怨，可谁都没办法。好容易看到一家咖啡店，我们不约而同地决定买杯咖啡，借机方便。没想到咖啡店不营业，田梅急得脸都变色了。顾不得不好意思，她直接跟一位男营业员提出了要求，营业员非常慷慨，抬手就指示了方位，田梅快步趋前，我和二苗急急跟进，在一个非常洁净的卫生间里我们体会到了人生莫大的享受。

一天内连遭三次尴尬，真想知道法国人遇到这种情况怎么办，后来我们知道了答案。在法国大城市，连巴黎在内，很多阴暗的角落都散发着扑鼻的气味。再看法国男人转身动作的那份娴熟与从容，就知道他们早就习以为常了。我特想通过外交渠道打听一下，法国的卫生部长和环境保护部长也这么干吗？

今天还有一件值得记的事，洗车。欧洲环境总体比较洁净，虽历经风雨，可我们的坐驾一直不太脏，但我们还是想在离开卡瓦荣之前彻底清洗一下。一般加油站都附有洗车点，洗车的地方都有一个大象用鼻子喷水的标志。洗车人必须先投币，然后我按动第一步骤电钮，龙头自动出水，这时二苗和田梅用毛巾赶快清洗，刚刚冲完，水就断了。之后我又按动第二步骤，龙头喷出洗涤液，也是得动作快，否则不等喷匀就没了，再喷还得再花钱。把污垢洗净就可以按动第三步骤，用清水冲涮。整个过程限定的时间很紧，跟打仗似的，如果动作快，也够了。这种节约用水的办法特别可取。这点我们应该向欧洲学习。

我们的车前两天小刮蹭了一下，车边的装饰贴条有点开绽。我们买了胶，准备洗车后把它粘住。田梅说涂上胶得按住5分钟不能动，累得我们仨一人一身汗，总算粘住了。

阿维尼翁的童谣

我喜欢“在路上”的感觉，因为路上每天都会有大量新的信息，每天也会有预想不到的困难与危险，正是这些过程，丰富着我们的生活，积淀成人生一幕幕珍贵的回忆。

阿维尼翁是法国南方最著名的中世纪古城，它离卡瓦荣只有30公里。那里曾经是古罗马的首都。1309年，罗马教皇迁都至此，在长达70年的时间里，这里成为基督教世界的中心。在那个激动人心的年代里，文化和学术都非常活跃，而且还留下了一件不朽的遗产——气势恢弘、坚不可摧的教皇宫廷。

阿维尼翁古城高大雄伟，如今保存完好，城墙青砖灰瓦，拱脊飞檐，有城垛和堞眼，全长达4300米。东西南北分别有四个拱型城门，威武地洞开着。城内的建筑与街巷保留了原来的格局，但是房屋更新了一部分，风格与古城相呼应。城内有市府机构、大学、钟楼广场、商店、居民住宅……环保公交车和少量居民用车可以出入内外，但观光游客的车辆只能停在城外。

半段残桥成为阿维尼翁的标志

我们把车停在城门口，徒步进入城内。教皇宫廷法语音译怪怪的，叫什么“巴黎的爸爸”，位置在古城中心，我们穿城到达那里需要40分钟。我一向走路快，率先走在前边，田梅一路紧跟，连最慢的田小蕙都相隔不远。小巷曲曲弯弯，数不清走过了几条，我们一边走一边拍照。不知什么时候发现二苗没有跟着，等了一会仍不见人。二苗为拍照片一向走在后面，反正朝着金碧辉煌的尖顶方向走，或者打听“巴黎的爸爸”，她那个能力怎么也不至于丢了。

教皇宫廷依山而建，是蜂蜜色的城堡式建筑，共有8个相连的城堡，绵延1.5平方公里。金色的圣母玛利亚站在建筑的顶端，从云端里安详地俯视众生。周围有廊柱的椭圆型广场，广场上矗立着巨大的基督耶稣受难十字架。整个建筑群庄重威严。

站在皇廷北边的山上，山上可以远眺阿维尼翁河，河上架着半座圣贝内泽桥。这是建于12世纪的大桥，原来全长900米，有21个桥墩，22个巨大的拱洞。长期以来，圣贝内泽桥不断受到洪水的冲袭，大部分桥体已被洪水冲垮，如今只剩下四个造型独特的桥拱了。有首脍炙人口的童谣，唱的就是在

阿维尼翁古城墙外

阿维尼翁桥上跳舞的故事。与老桥遥遥相对的是新桥，与古城遥遥相对的就是新城了。阿维尼翁的城市建设很注意保护历史遗迹。

总是不见二苗的身影，我们也有点着急，这人一向纪律性差，今天终于把自己弄丢了。这一路最让我们操心的其实是田小蕙，她身体不好，我们怕她掉队，怕她犯病。二苗能力强，体格健壮，没主意还跟她讨要哪。所以田梅一边走还一边说："幸亏丢的是二苗，这要把田小蕙丢了，可怎么办哪。"

说是这么说，可不知怎的在熙熙攘攘的人群中我突然很着急，盼着能立即见到二苗的影子。虽然我们都是很独立的人，之间平时也并不蝎蝎蛰蛰，但在人地生疏的异乡，朝夕相处的同伴……在往山上迂回的人群中，我终于见到了那个熟悉的乱蓬蓬的脑袋。我气喘吁吁地追上去，同时很夸张地把那个脑袋搂在怀里……

其实二苗之所以掉队，不是没有"组织观念"，而是太相信这个"组织"了。她不相信我们这些人会不等她。待她踏踏实实地拍摄一溜够之后，才发现早没人了。二苗连喊带追，追了几条巷子，终不见人影。她一边唠叨

二苗丢的时候我们正和皇廷卫士嬉皮笑脸地合影

着：这个“组织”还真是靠不住，一边还抱有最后一丝希望——她回到停车场，一厢情愿地认为我们有可能回去找她。哪想到此时我们正和皇廷卫士嬉皮笑脸地合影呢。二苗终于意识到可能被“抛弃”，只能靠自己了。她一路问了多少遍“巴黎的爸爸”我们不知道，她是否诅咒那三个神叉我们也不知道，只知道二苗气急败坏一个跟头扔出去，人有多长摔多长，身体多处擦伤，并且心爱的相机也甩出去了，所有的委屈在此时全面爆发——二苗哭了。所以当我强行将这个乱蓬蓬的脑袋揽进怀里时，这脑袋理所当然地卜楞卜楞往外挣扎，以示抗议……之后，这个“组织”重新想起自己的成员，再次接纳了她。

下午我们开车前往尼姆。尼姆是法国南部嘉德省的省会，面积162平方公里，人口24万，常年阳光普照，以法国最热城市著称，是既浪漫古典又现代的艺术之都。在法语里，尼姆是泉水精灵的名字，沿市街而行，处处可见造型独特的喷泉，令整个城市充满活泼的气息。

尼姆还有随处可见的古罗马遗址，这里的罗马竞技场虽然比不上意大利首都罗马的竞技场，但保存修缮得非常好，每年七八月还常在这里举行斗牛表演。

我们走冤枉路的时候并不多，这点想起来都觉得自己很棒。但也有偶尔“得瑟”的时候。比如今天途径加尔桥时并不知道，等再找它时才知道已经过去了。于是从尼姆出来我们又往回走了19公里，去看这座有两千年历史的古桥。

加尔水道桥位于法国尼姆市附近,是古罗马高卢时代的建筑，历经两千年的岁月。在当时的尼姆，陈旧的供水系统已不能满足古罗马人新建城市的需要。于是主管古罗马供水工程的马库斯・阿格里帕修建了一条水渠，把50公里外的泉水引到城里。古罗马人按惯例将这条引水渠道埋入地下，可是在某个地方该水渠必须越过加尔河峡谷。所以古罗马人在这里建造了宏伟的加尔桥。

加尔桥分上下三层，它高50米,长269米，从高出河面49米的地方引水越过谷地，每层都有数目不等的圆形桥拱。水在桥的顶层流过，下层供人通行，25米长的桥拱跨度保证了河水的流畅，及来往船只的通行无阻，同时考虑到加尔河水经常会泛滥，桥墩底部还设计了分水角，桥身呈现轻微的弧度。它是罗马时期高度发达的水利工程技术的绝好例证。

迄今为止，我们在法国见到的遗迹基本没有法国本土的，大多是罗马时期的文化。听说卢瓦尔河谷散落着众多珍珠般的古城堡，于是大家十分向往。

离开法国南方，我们向卢瓦尔河谷前进。原本我们的路线是从尼斯进入西班牙，在巴塞罗那停留两天，返回时途经安道尔，沿比利牛斯山，直接北上抵达卢瓦尔河谷。后来考虑到这样过于奔波，要多走1000多公里路，于是放弃了西班牙。现在我们决定走一条新的路线，从尼姆斜插到法国西部名城图尔。为此“白领”田梅连续几天晚饭后趴在地图上寻找路线，当然那些刷碗烧水的杂活就由“蓝领”二苗与我承担了。要说田梅识路的能力确实不是一般，我是自愧不如。我一北京人至今在北京开车还经常转晕了，当准备为我指点迷津的人问：“你在哪？”我往往都是：“不知道。”而人家田梅在地图上就能决定我们的路线，而且基本没走错过，不能不说是个能力。田梅为我们确定的新路线是穿过塞文山脉的中央高原，经阿莫里卡丘陵地区进入卢瓦尔河谷。这条路线基本与高速路并行，但路况较为复杂，很少有人这么穿行，尤其是两眼一摸黑的外国人。我们这么决定，一是不知深浅，二是贪恋沿途景色，再一个可以免交高速路费。神叉们个个胆大，四个人凑一起唯恐天下不乱，就没有不敢干的事。

很快地，我们就进入了山区。这里的山并不高，但一座连一座，山上植被葱茏茂密，景色十分怡人。雨后天晴，空中的云彩变化多端，而且飘动得很快，不断变幻。在城市根本见不到这种景象。山路不能停车，大家还是在行进中不断地消耗相机内存。

山路行车出不了速度，将近晚上7点，我们抵达了山上一个很小的镇子。因为天快黑了不熟悉路况，我们不敢贸然往前再走，于是决定在此留宿。村里客栈只有一家还有床位，我和田梅前去联络。一开门，见到一男一女正在吵架，来了客人竟没人招呼。我们趁他们吵架的间隙赶快表达了我们住宿的意愿，那个胖女人说“可以”。由于经历过尼斯旅馆的肮脏，我们提出能不能先看看房间，没等那女人说话，与她吵架的男人立即大吼大叫，听得出意思是“不行”。然后那一男一女自顾自地又吵了起来，完全无视我们的存在……这个店给我们的感觉很不好，有点像深山老林的黑店，直觉不安全，我们决定继续赶路。

田梅匆匆看了一下地图，大约再开50公里才会再有较大的镇子。太阳正在快速向山后溜下去，估摸抓紧时间天黑前能赶出50公里。我迅速坐上司机座，让大家系好安全带，并且说：赶到那个镇子无论有没有床位，都必须停下来，从安全考虑坚决不能夜里走山路。

接下来谁都没心思观云赏景，只盼着太阳慢点下滑，早点见到人烟。我们已在深山之中，山道弯弯仿佛没有尽头，翻过一道岭还有一道岭。高坡的西壁已把夕阳和晚霞全部遮住，只剩下山峦一抹淡紫的轮廓，东天的明月已冉冉升起，一切物象逐渐黯淡，不再有细节。科学家证明，人过五十，视网膜对光线的变化适应力减弱，尤其在光线不足时的视力只达白天的一半。大家心里都很着急，我提前打开车灯，灯光照亮了局部，却更衬托出周围的黯淡。谁都不再说笑，八只眼睛睁得溜圆，互相提醒着：“拐弯了！”“小心。”“前边有车……”

世外桃源FLORAC小镇

今天开车220公里，总算在晚8点多钟天色黑尽之前，赶到了那个叫FLORAC的山中小镇。村口停放着一些旅行房车，我的心里先凉了半截。在

很有味道的山中小镇

国外，人们假期常常举家出去旅游，往往租用一辆可以吃住、做饭的房车出行。开房车的人在景点的营地宿营，还可以在那里补充水电和汽油。有营地的地方游客一定多，那镇上的HOTEL也一定客满了。果然，我们从村头往里数，每一家都没有悬念地“满员”，旅游旺季嘛。

我动员大家做好露营的思想准备，田小蕙嘟嘟囔囔地不乐意。对于我来说，在沙漠中露营是小事一桩，那年在楼兰，衣不解带不说，因为缺水连续6天没刷牙也照样过来了。还有一次天气寒冷，我们在荒原上烧起一堆篝火，等火熄灭后，底下的沙子是热的，我们就把帐篷支在上面，比火炕还暖和……田小蕙没经历过这些自然承受不了，再说她身体不好，要病了更麻烦，所以如果有可能还得尽量找旅馆。

此时我们心里的的标准已经降得很低，异国他乡，深山野外，有瓦遮头就不错了，甚至想可否到居民家借宿，但根据欧洲人的习惯似乎不太可能。连续碰钉子加剧了失望，我不由自主地开始留意僻静地点，方便停车，能铺垫点什么，够撂平什么的……

世外桃园FLORAC

正转腰子呢，镇子深处忽然有霓虹灯闪烁，居然是一家四星级酒店，名字叫Grand Hotel du Parc，不知为什么显得非常安静，可能是没床位，也可能很贵吧。我穿过院子，直往深宅大院里去，管他呢，问过才知道，也许有房而且价格我们也能承受呢。那是一家很别致的旅馆，三层小楼掩映在精心修剪的绿树丛中，不大的花园里曲径通幽，居然还有个游泳池。大理石的台阶铺着纯毛地毯，推开厚重的玻璃门，是前台和小酒吧，家具古香古色，典雅精致，老式吊灯发出温暖的光芒，一派温馨。一个白头发的小个子法国老人迎上来，我们得知竟然还有房间，竟然还不算贵。

一个和善的妇人带我们来到二楼，一个面向花园的宽大房间，有两张硕大的双人床，欧式的床头巍然沉稳，会客区有壁炉、沙发和小巧的早餐桌。家具、壁纸包括卫生间的浴缸洁具一律古香古色。推开百叶窗，花园里的清香扑面而来。这样典雅的大房间一天只消62欧元，合每人才15块多，竟是我们在欧洲最便宜的房租。本以为会露宿街头，没想到有这么温馨的住处等着我们，欣然之色跃然在每个人的脸上。

然而惊喜不仅于此，当我们试探着打听可否有吃的东西时，这位妇人说开饭时间已过，但可以让厨师想办法为我们做点沙拉。她把我们带进一层的餐厅，可以容纳几十人就餐的大厅同样非常舒适，洁白的桌布上是精致的银制餐具，紫红的餐巾叠成仙鹤放在高脚杯里。一个十八九岁非常法国，但是非常漂亮的小伙子为我们拉开座椅，铺好餐巾，倒上冰水，完全是五星级酒店的服务。沙拉端上来了，每人一个硕大的盘子，里面有八九样精巧的菜肴，摆放得很艺术，一勺入口，大家立即夸赞不已，这是我迄今为止吃到的最美味的沙拉。为沙拉佐餐的还有杯中猩红的葡萄酒。

吃完饭解散。田小蕙要充分享受房间里的大床，田梅对古典的浴缸情有独衷，二苗还是坚持不到10点半不回家，但是死拉上疲惫的我去夜逛小镇。

微风拂面，小镇清幽，只有路边的溪水哗哗，我俩漫无目的地溜达着，很惬意。忽然一阵小提琴的乐声飘然而至，令人微醉。我俩惊讶地对视一眼，不约而同地循声而去。在小镇中心广场上，几个自由音乐人在如醉如痴地演奏，很多年轻人（看着像旅游者），在对面静静地席地坐着聆听。如此的月夜，如此的小镇，如此的音乐，没有私语，没有喧哗，所有人都沉浸在乐声中……

今天我们把焦急、失望、惊喜、优雅、浪漫一起体验过了。

白云深处有人家

寂静的山林伴随着鸟雀的鸣叫，我们就在这晨曲中醒来。

早上的太阳使山中小镇碧绿清新，这里是国家自然保护区，镇中心有一个小展览馆，介绍这里的地理环境和上千种植被。我从明信片中看到这个地方可玩的去处很多，爬山、漂流、攀岩、自行车越野，而且附近还有一个特好看的大峡谷，就提议进峡谷玩一天漂流。没想到遭到众人的一致反对。田小蕙怕走路，田梅怕弄一身水，二苗态度暧昧不言语，结果我成了少数。我知道连日在山里转，田梅非常向往城市，田小蕙必须有美食相伴，二苗可能是累了，从心底里喜欢山区风光和苍凉文化的大概只有我。既然处于少数只好服从多数，尽管心存不满。

既然不能再玩我们决定离开，上路前我们想再享受一顿酒店的饭菜。聊天中得知，这是一个有百年历史的家族企业，昨天见到的老者、妇人和漂亮小伙子都是一家人。他们以古典的风格，精致的饭菜和贵族的服务远近闻名，受到法国中产阶级的欢迎，来这里的客人有相当一部分是熟客。不仅如此，这家酒店还是每年F1汽车拉力赛的定点休息站。老板骄傲地说，那时候院子里停满了名车，房间里住满了名人。

其实这里不算太偏僻，一天的车程，就可以南到尼姆，北到巴黎，但我们发现他们在淳朴之外思想闭塞得令人吃惊。这家人完全不知道中国的状况，更不知道中国已逐渐发展为经济强国。他们只知道东方有个支那，甚至以为那里的男人还梳着辫子，女人还裹着小脚。由此我们可以想象，世界上不了解中国的地方还有多少，而在北京召开一次奥运会又是多么有意义的事情。这家人的无知立刻点燃了二苗的爱国之情，她热心地介绍我们的长城、故宫，介绍中国人的腰包已经很饱满，并且力邀人家到北京去玩。她说得唾沫星子乱飞之际，我却发现她脚底下那双绣花鞋开了绽，脚趾头正探头探脑地向外窥视。我强忍住笑，拉着她赶紧出门，张着大嘴的绣花鞋往前走，二苗的脑袋还向后转着："欢迎您到北京来啊……"

酒足饭饱，又上路了。

逐渐北上，碧绿慢慢覆盖了黄色，法国南方的房子是土黄色墙体，配红色的屋顶，而这里的房子是白墙黑顶，人们的生活也显得殷实一些。

欧洲人的收入普遍不高，白领中的夫妇双职工，月收入大约3000欧元，如果有一两个孩子，日子仅仅小康。买大房子或好车，过更富裕日子的是富人，那得有自家的企业，但高收入同时伴有高风险和不断递增的高税收。而欧洲平民的福利比较好，租房有补贴，孩子免费上学，医疗有保证，养老有保险，失业有救济，因此人们一般不拼命工作，也不像此地的中国人死乞白赖地去挣钱。他们也不存钱，每月收入花光，因为永远不发愁下个月没有进项。

其实生活幸福不幸福，基本在于心境。

一个渔夫在海边晒太阳，别人问他，你为什么不去工作？

他反问，工作为什么？

那人说，为挣钱啊。

渔夫继续问，挣钱为什么？

法国民居

那人说，过好日子呀。

渔夫又问，什么叫好日子？

那人道，雇人替你干活。

渔夫说，为什么替我干活？

那人说，好让你在海边晒太阳啊。

渔夫翻了个身，我现在不正在晒太阳吗？

这个寓言早就明示了幸福的内涵。亚洲有一个并不起眼的小国不丹，他们的国王宣称，他不追求发达强盛，但会带领人民过一种没有压力，心情舒畅的幸福日子。幸福的指数高低，决不仅仅意味着财富多寡。曾几何时，金钱成为了理想，代替了信仰，更可悲的是，钱的奴隶还不会用它买来快乐。

我们今天一直在高速路上行驶，跑了420公里，而且不知是什么日子居然没收费。各位“神叉”大喜过望。

去卢瓦尔河谷中途得歇一晚。太阳西斜时，我们在LIMOGES下了高速路，就近找到一家B&B的HOTEL。房间不大，30平米左右，很高大，因此在顶上又加盖了一层，沿木楼梯上去，是摆放了两张床的小卧室，很好玩。我和田梅住“楼上”，二苗和腿脚不好的田小蕙住下面。

行程过半，该算算流水账了。平时我们总是把钱交给田梅，账由田小蕙记。结果田小蕙一报账，把我们都气乐了。账面与实际花销严重不符，照她的账面，我们不用再交费，田梅兜里的钱应该坚持到我们离开欧洲，但实际上田梅那里早没钱了。于是大格格着急了，饭也没吃好，趴在床上开始重算。

看大格格算账特好玩，她眉头紧皱，一脸严肃，不光手里拿着计算器，还用笔在纸上打算草，俩手十指还一个劲掐算。我正光脚穿着趿拉板儿，瞅她工具不够用，想把自己的十个脚趾头借给她，被田梅捅了一拳：“捣什么乱。”二苗老想越俎代庖，也遭到大格格怒斥。一个小时，两个小时，时间就这么过去了，大家陪不了纷纷撂倒。半夜两点多钟田梅起夜，“楼下”还亮着灯光，田梅说：“求你了，赶快关灯，赔钱没事，只当花钱买觉睡，行不行？”灯是关了，可田小蕙没睡，在黑暗中目光炯炯的——她还在口算呢。

其实这点豆腐账谁也没往心里去，不记不算也差不到哪去，差到哪去也没什么，但却成了大格格的心病。连续两天她吃不好睡不着，走哪脑子里都是这事，甚至让我们帮她回忆8天前的两根黄瓜到底是多少钱，令人烦到极点。几天后大格格田小蕙终于算出了与田梅兜里余款最近似的一个数，此事总算告一段落。从那天起，出纳田小蕙的头上被派了个会计——宋二苗。结果简单的豆腐账弄得比大托拉斯还正规。

住在高速路边的旅馆，出发特别方便，不用乱打听怎么出城，但是周边没有什么生活设施。从昨天晚上我们就找不到餐厅，只得彻底打扫库存。好歹弄了点棒子面粥，最后一袋榨菜，用唯一一包酸辣汤料冲了仅有的两包方便面，四个人弄了个水饱，再吃就得煮皮带了。即便是这样，我们还为最后的粮草举行了一个“开包”仪式，甚显隆重 。

今早天没亮，多数人就饿醒了，醒了的人就开始折腾别人。我昨夜肚子空虚，所以梦见了饥寒交迫的红军，咱还是指挥员，正指挥着跑不动的千军万马强渡大渡河呢。费了九牛二虎之力，正要过河，田梅把我扒拉醒了。我埋怨她怎么那么不是时候，她说，要知道您正过指挥瘾，怎么着也得等过了河再叫醒你……

前心贴后背的，我们就上了路。

中午时分前方出现了一片奇特的建筑，非常超前。一打听才知道是法国著名的JAUNAY—CRAN，“未来世界科技园”，这是现代版的迪斯尼，要全玩下来得两天工夫。一路上都没怎么看见人，不知从哪里冒出那么多孩子，由家长带着正排队买票呢。我们是没时间了，因为今天还要赶到图尔呢。

一直在高速上行驶，也没遇到什么餐馆，大家饿得一个劲儿精神会餐。田小蕙历数了她爱吃的美食，其中讲到各种馅的饺子，包得小巧圆润，煮得热气腾腾，然后就着腊八醋，再加上少许糖、油泼辣子，那一入口……这番形容让正在开车的我肠胃一阵搅动，洋番洋浜的上哪找饺子去，田小蕙不是害人吗？说是这么说，脑子不由自主进入她所描绘的情境。那年看电影《满汉全席》，我受片中闻所未闻的美食佳肴所蛊惑，感到自己这辈子十分悲哀，下决心从今天开始，要在有生之年顿顿精食细菜，尝遍人间美食，决不让自己白活。但出了电影院不到30米，传来一阵包子飘香，立时口水一个劲儿吞咽，我想都没想，在街边摊上一块钱买了俩包子，3分钟就撑得弯不下腰。吃完才想起违背了自己宏大的人生目标，顿时愧悔不已……

还沉浸在遐想中，就听田小蕙一声惊叫："中餐馆！"路边赫然一排中国字：阳光大酒楼。按说这里已深入到法国腹地，很少能见到中国人，居然有同胞在这里开餐馆？我激动地把车刹住，那仨人破门下车，根本没等我，雀跃着窜进餐馆。

一对年轻的温州人，已经在此定居9年，他们看中了这里地价便宜，一出手就是宽宽敞敞的门面，加上有特色的饭菜，所以没多久，就安享了方圆数里饭店的霸主地位。中国人聪明勤奋，脑子活络，尤其是温州人，素有中国的犹太人之称，他们不怕吃苦，会做生意，在欧洲遍地开花。乡音亲切，

未来世界科技园

法国警察为我们开道

乡食可口，而且居然真有饺子，不能不佩服这大格格在吃的方面犹如半仙儿，念叨什么有什么。神叉们个个埋头苦干，骆驼似的恨不能把明儿的饭都吃出来。饭后还要了一小瓶中国醋，非常舒服的一顿饭。

我们经过255公里跋涉，下午赶到了距图尔十几公里的Guoe镇，这是我们要住的小镇。

Guoe和其他镇子一样，除了偶有车辆驶过，街上没人，我们彷徨在街头，找不到自家的旅馆。实在没办法，想起“有困难找警察”的原则，就找到了警察局。警察的法语和田梅的英语怎么也沟通不彻底，那个法国警察索性开着摩托在前边开道，一直把我们带到了旅馆。

法国警察的摩托开得非常娴熟，拐弯时向侧面倾斜45度，划出优美的弧度，大有赛车的风范。众神叉在异邦享受到如此待遇，还能看车技表演，个个喜形于色。

我们的旅馆是个三星级酒店，不带早餐，每人每天29欧元。我们租了两间房，很干净舒适，非常有利于我们长途跋涉之后的休整。

照例田小蕙看见舒服的床就想钻被窝，于是我和二苗、田梅放下东西直奔十几公里以外的图尔。

河谷驿站——图尔

卢瓦尔河是一条宽阔的浅水河，河水缓缓地流淌着，蜿蜒向西流经法国北部，在法国西部的南特港注入大海。卢瓦尔河流域及其诸多支流将安茹、都兰、奥尔良和贝里等法国古代省份环绕其中，使之成为法国一个重要的历史文化中心。这个地区以宏伟壮观的文艺复兴时期的城堡与宫殿著称，它们大多集中在河谷地带，放射形散落在图尔市周围，所以一般来卢瓦尔河谷参观城堡的游客大多住在卢瓦尔河畔的图尔市。

图尔市虽然只有13万人口，却是有名的大学城，还是卢瓦尔河谷的重要经济中心。在历史上图尔曾经涌现出包括著名作家巴尔扎克、拉伯雷，数学和哲学家笛卡尔等众多名人。

漫步在图尔城，首先寻找的是圣玛利亚大教堂，它的恢弘华美足以媲美欧洲那些历史悠久、知名度很高的大教堂。

图尔大教堂由于历经多年的修建，因此融合有两种完全不同的建筑风格：罗马式建筑风格和哥特式建筑风格。教堂的正厅和袖廊是罗马风格，兴建于7世纪；而哥特风格的唱诗班则兴建于8世纪。 最引人注目的要算袖廊之巅建有五座钟楼，形成了圣玛利亚大教堂非凡壮丽的皇冠。走进圣玛利亚大教堂就可欣赏到宽26米的正门，沿着正门的是最近刚刚修复的9世纪末的哥特式门廊。门廊上画满了各种宗教彩绘，这些彩绘都是出自图尔工匠之手，在正门和旁门之间有一尊圣母玛利亚的雕像，精美之极。

教堂后面是大片巴洛克式花园，植物未见珍奇，但修剪成的几何图案非常规整。我们在欧洲经常见到这种景象，公园的绿篱、花草不用说了，街上的行道树往往树冠都被弄成方的或圆的，甚至百姓家庭的花园都要修剪拼图。近年来我国大城市的欧式楼盘，其园林风格也开始拼图了。

回到小镇，我们在超市买了点面包、香肠权当晚餐。

天色还早，宋二苗当然不允许大家休息，我们就漫无目的地在街上散步。作为生活在中国大都市的人，无论你多么向往清净，欧洲小镇的这种寂静，都让你无法忍受。天刚擦黑商店就全部打烊，人们不下饭馆，没有夜生活，连个串门的都没有。条条街道，除了间或有车辆轻轻驶过，我们四人是

图尔大教堂是西方最
美丽的宗教建筑杰作

仅有的“活口”。已经适应了四人“独霸”一个镇子，突然拐弯处有一个人闪现，还真把我们吓了一跳。我特想知道人都哪去了，就拉着众神叉往居民区走。独栋的小别墅形态各异，花花草草也长得很茂盛，但伺候它们的人呢？我们扒着院门往里窥视，多数没人，只有一户老两口在院子里默默地吃晚餐。寂静让人们连说话功能也衰退了吧。田梅大发感慨：出国有什么好，这地方我可受不了……她说起一个嫁到维也纳郊区的朋友，长年蜗居在见不到人的地方，几十年就是丈夫孩子那点事，别提见识了，原来挺灵气的人完全磨得木木呆呆……所以多数人不能离群索居，我们生存的氛围很重要，人得在这个氛围中不断汲取养分，给生活注入能量。

撒满珍珠的卢瓦尔河流域

今天驱车252公里，走马观花地浏览了卢瓦尔河谷的两座著名城堡。

在卢瓦尔河和它的支流两岸，这片长200公里，宽100公里的长形土地上，为什么聚集了如此众多的城堡别墅？难道仅仅因为宁静的卢瓦尔河谷上空那片澄澈的天空？又难道仅仅因为这条河流穿越的是法国的中心地带，法兰西的心脏位置？也许还因为这里是远离边境的安稳的内地？

其实重要的原因在于，从1494年开始征战意大利的瓦洛瓦家族的王公

舍农索城堡

们卸甲归来时，对如何构建他们的宫廷，已经有了崭新的想法。在此之前他们的城堡只是一些粗陋生硬的碉堡，随着火药的发明，再坚固的碉堡也失去了防御功能。查理二世、路易十二和弗朗索瓦一世在修建他们的城堡时，接受了意大利的理念，强盛的标志不再是武力而是文化。

路易十二从意大利召来了弗兰西斯科·罗拉纳和尼科罗·斯皮内利，他抛却了卢浮宫搬到了图尔宫，意大利文化在法国的传播自此开始。

阳光照进了古老碉堡的大墙内，新建的碉堡只保留了很少的防御元素，仅成为单纯的装饰。园林的艺术与生活的艺术一同发扬光大，流水、喷泉、花园，所有这一切都使古堡不再生硬刻板。一位叫马尔科亚诺的空间设计大师，把西西里园林精确的几何主义倾向带到了法国。

查理八世曾在拿波里居住，他让人把城堡变成有着大厅、长廊、阳台和花园的建筑。路易十一急派设计师前往米兰，深深惊异于那里贵族豪宅的华美壮丽，回来就开始改造自己在美杨的城堡。安波瓦修建了书蒙城堡。虞侯家族建造了舍维尼城堡……当时的卢瓦尔地区成了艺术之乡，宫廷里接受的新风尚在王公贵族的住宅建设中流传开来。

国内局势风平浪静，四境安然，法国的国王们开始追求建筑的华美，以此扬威显盛，这一点在香波城堡可以找到例证。那里的一条石雕花边，曾在凡尔赛宫建成之前，引得整个欧洲赞叹不已。

舍农索城堡

弗朗索瓦一世的宫廷还引来了老年的达·芬奇，他不仅带来了名画《蒙娜丽莎》，还受命修建安波瓦运河，达·芬奇还制作了令宫廷仕女们惊骇不已的自动偶人，设计了令人称奇的花炮和灯火。那时狩猎、比武、盛宴、舞会蔚然成风，法国人所经历的文艺复兴，已经离意大利文艺复兴的理想相去甚远。

1418年王室为躲避勃艮地人来到卢瓦尔地区，他的继任者在局势平定后却没有返回巴黎，而是选择了卢瓦尔河边的土地作为他们喜爱的居处。卢瓦尔河见证了法国170年的历史，那也曾是法国最辉煌的年代之一。那时卢瓦尔河是一条重要的运输水道，河上日日帆影穿梭，往来不绝。河流在南特区汇入大海，从那里琳琅满目的丝织物、香料茶叶、宝石珍珠、艺术品源源不断运入法国。

随后而来的是宗教战争、圣巴特雷米屠杀、三次鼠疫流行。到1607年图尔城的居民已死去十分之九，接着又发生了严重的饥荒。贵族的财富被宫廷挥霍一空，卢瓦尔河谷没落了。

王朝喜欢那些更加高大空旷的宫殿，枫丹白露上空的星星冉冉升起。卢瓦尔河谷从此离开了历史的舞台。时至今日，作为一个时代的见证，它们仍令我们尊崇和赞叹。

天气阴霾，小雨淅沥，盛夏八月竟冷得打寒战。我们冒小雨游览了最具有代表性的舍农索城堡和香波城堡。一下子拥塞进那么多的文化，满眼都是看不过来的文物，只能拼命地往脑子里填，回去再考证了。

舍农索城堡始建于1513年，原

为诺曼底财政总督托马·博伊埃私人住宅。其子把它献给国王弗朗索瓦一世。弗朗索瓦死后，亨利二世继承了这一遗产，饬令建筑师菲利贝尔·德洛尔姆在住宅后面的歇尔河上修建一座五拱桥。亨利二世死后，他的妻子卡特琳·德梅迪西把原住宅改建成城堡，又在拱桥上修建了一条上下两层的走廊。此后，城堡虽经几次转卖，但一直保持这一古老格局。舍农索城堡由主堡、走廊、圆塔、平台和两个花园组成。主堡前通向一个平台。平台四周有护城河环绕，左角上建有一座尖顶圆塔。平台左右两侧隔着护城河分建有两个大花园。花园精心修整，宛如两幅优美的画图。舍农索城堡四周是田野和树林，风景秀丽。在五拱桥上的双层走廊漫步，俯视清流，四顾林野，有流连忘返之致，为法国著名游览胜地。

如果说舍农索城堡的特点是小巧玲珑，那么香波城堡则以恢弘华美展示人前。香波城堡建在法国贵族生活气味最浓厚的地区，森林遍地，盛产木材和葡萄酒，法国历代的国王、贵族在此打造一座又一座度假用的狩猎宫殿，甚至还不时举朝迁移至此。古堡长宽各有100多米，气势磅礴。中间是正方形的主堡，两侧为6个圆锥形的巨大角楼。城河环绕四周，背靠大森林，面临大花园和清澈的湖水，给人以极佳的视觉享受。与我国古代

皇家园林相似，宫堡是王权的象征，它一开始就不是为了防御，而是为了炫耀和享受，它体现的是华丽夸张的皇家园林风格，是皇权和艺术的完美结合。

香波城堡有两大看点。第一是内部，它共有440个房间84个楼梯，从正门步入主堡，立即置身于一个明亮宽敞的大理石宫殿之中，正对着著名的“双旋梯”，两组独立的楼梯相互交错地围绕着一个共同的轴心，螺旋式地盘旋而上，同时上下楼梯的人，可以相互看见，而不会碰面。据说，这是当年国王为避免王后和他的情妇正面相遇时引起尴尬和纠纷，特地请达·芬奇设计的，堪称建筑史上一绝。第二是宽阔的塔顶露台。之前建造城堡，多少还有军事防御的功能，而香波城堡的塔顶露台，却完全成为国王及宫廷贵族观赏庭园景色及竞技表演的绝佳地点。

香波城堡的另一个妙景是它的外形。除了城堡的圆形尖顶之外，还可以看到好多精美雕刻的小屋顶，那可是取暖炉的烟囱。远远望去，整个城堡就像一个插满蜡烛的大蛋糕，犹如童话般美丽。

虽然天气不作美，虽然长途奔袭到此站已人困马乏，卢瓦尔河的城堡还是让我们大开眼界。一路走来，有了“功德圆满”的感觉。

中午每人一个热狗并没有使大家产生热乎乎的感觉，于是我们决定赶到图尔城去爆撮一顿。一经决定，脑垂体迅速将信息传达给肚子，于是每个人的肚子此起彼伏地欢呼起来。

刚刚7点的图尔城已开始人迹寥落，不会连这里也店店打烊吧。我们开车紧张地在路上巡视，最终还是田小蕙眼尖，隔着马路看到对面胡同里有“火锅”字样。

四个人终于舒舒服服地摊在沙发上，不一会儿连肉带菜干掉了一堆东西，瞬间十几个空盘子高高地摞成一座塔。老板与伙计目瞪口呆。

吃饱喝足后，大格格田小蕙照例十分兴奋，脸色红润，中气十足地开始大谈文学，巴尔扎克、福楼拜、莫泊桑的名句流利地随唾沫星子飞溅，胳膊助兴地挥斥方遒，腿脚也看不出不利落，为更好地与听众交流竟倒退着前进

图尔风情

……此举令“没文化”的二苗嗤之以鼻，面目呈不忍目睹状快步躲开。

回小镇仍然找不到家，我们已经习惯了让人开道，于是逮住一个开车的男人，让他在前面带路，把心满意足的我们带回了旅馆。为表示感谢，二苗把她带来的红丝线小葫芦送给人家，让习惯助人为乐的法国人惊诧了半天，不明白为什么带个路就会得到礼物。如此朴实的民风，倒让我们感慨了好一阵子。

多么充实的一天，多么疲累的一天，多么幸福的一天。

葡萄酒故乡

今天是比较轻松的一天。大家不准备再专奔著名城堡，想在图尔周围随意转转。这几天全欧洲都在下雨，部分地区洪水泛滥。天气不好影响了大家的拍摄热情，一些人索性刀枪入库，连相机也不拿，耷拉着俩手就出了门。

我们沿着卢瓦尔河往北走，不愧是卢瓦尔河谷，各种各样的城堡随处可见。因为多，不可能全部保护起来，除了可供游人参观的著名城堡，更多的还在使用中。有的被大公司买断成了有特色的展厅；有的成了酒吧、咖啡屋；有的仍是私人别墅；还有的破败地荒弃着……城堡大小不一，形态各异，分别坐落在河边、山上、城中、郊外，共同传达出这个地区浓厚的文化特色。法国的葡萄酒世界闻名。主要产区就在普罗旺斯和卢瓦尔河谷地区，传说泰伯四世公爵从十字军东征队伍归来，带回一些莎当妮葡萄种籽在法国栽培，繁殖了最甜美的葡萄，连法国国王都很喜欢。到了法国应该看看真正的酒窖，我们开车走了几十公里来到一个很有人气的葡萄酒小镇。太巧了，小镇上就有一家酒厂。要说明的是与我们在卡瓦荣看到的农民酒窖完全不同，这家叫Cave Pes Produteurs De Vouvray的大酒窖有着百年历史，是个有着相当规模的企业。在接待大厅，我们分别尝了不同品种、不同年份、不同浓度、不同酿造方式的葡萄酒。神叉们都不懂酒，偶尔喝一点多属应景或附庸风雅，犹如刘姥姥吃茄子，品不出其中好赖。讲解员边讲边问：“不一样吧？”我们一边大口咕咚，一边配合地点头：“是不一样，不一样……”接着我们看了葡萄种植的短片，大面积的葡萄园，管理起来却得非常细致。酿造葡萄酒要在海洋温湿气候和大陆干冷气候交汇地带，平均气温不超过10度半才是葡萄成熟的最佳温度，法国无疑是非常适合葡萄生长的地方。但今年法国雨水大，阳光少，葡萄质量不太好，所以今年不是出好酒的年头。除此，技术与管理也非常重要，从田间耕作，剪枝，间苗到提供温度湿度，再到采摘、选粒、榨汁、过滤、勾兑、发酵、装瓶、进窖……门道巨多，这已经是非常复杂的过程，然而更费功夫的还是进窖以后。我们终于走进了真正的酒窖，这个酒窖原是14世纪一个城堡的地下储藏室，据说是收藏皇家物品的地方。这个庞大的酒窖在地下十几米，足足有4公里长，巷道四通八达，有良好的通风设备，常年保持着13度的恒温。酒窖贮藏着数十万瓶香槟和葡萄酒，每瓶酒在酒架上都呈38度倾斜状，为的是让酒渣沉淀在瓶底的一角，每过若干小时要把瓶子转动一下，转动的角度很有讲究。然后过滤。一年以后，转动的次数会减少一些。葡萄酒并不是贮藏的年头越长越好，5到10年为最佳。我们不懂酒，但也随便买了两瓶中干葡萄酒，算是没白来。镇上酒厂很多，经营产品也多与酒有关，甚至还有一家酒餐厅。我们在这里不仅喝到了甘醇的葡萄酒，还品尝到香槟牛肉、红酒羊排、啤酒鸡等“酒菜”……大饱了口福。下午神叉们又去了著名的Ambios堡，看到一个古堡大门洞开就走了进去。原来在Vouvray地区，每年在葡萄成熟的季节，由家酒商组成的联合会都会举办新酒博览会。酒商们带着各家产品汇集在这里，人们随意品尝，买家卖家签约批发。侍者端着高脚杯在人群中穿梭，我们正好中午吃渴了，权当喝饮料吧，一杯又一杯，直到全体头重脚轻……

天色渐晚，我们往回返。

金秋八月，正是玉米的成熟季节，路边大片玉米迎风摇曳，我不由自主地嘟囔：“长得真好。”田梅警惕地看着我：“长得好跟你有什么关系？”从小我就知道，玉米来自欧洲，大名玉蜀黍，品种分为白马牙、小粒黄、金珍珠……近年又出现了糯玉米。但是随着中国人民急功近利地上化肥增产，使玉米退化，越来越不好吃。现在到了玉米的老家，能不代表中国农民实地考察一下吗？我把车停在路边，大摇大摆地进入欧洲的“青纱帐”。是不是精耕细作顾不上了解，怎样水土保墒也不清楚，只知道法国的玉米个不大但长得真结实，掰着还挺费劲。我回头看了一眼马路对面的车子，田梅、田小蕙早缩到座椅底下了，只有二苗的脑袋还在车内晃动，见我示意也赶紧窜下车来，迅速隐入玉米地。

挺光明正大的“中国农业考察团”却像作贼似的，我们没顾得上拿口袋，也缺少从容视察的风范，俩“农民代表”一人才掰了两个，不知为什么心里一阵发虚，用衣襟兜着，就急霍霍地往回跑……

晚上，酒店房间，电热杯里，颗粒饱满的玉米，阵阵香味……田梅一边用细碎的小牙津津有味地啃食，一边说：“你别说，法国的玉米还真他妈甜。”能为大家服务很令人愉悦，我这时特别后悔为什么不多掰一些，那样的话连续几天的口粮不就又接上了吗？

凡尔赛宫的不和谐曲

天空终于放晴。今天是令大家期待的一天，我们要先参观法国极盛时期的王宫——凡尔赛宫，然后进入法国首都巴黎。

坐落在巴黎西南郊的凡尔赛宫是欧洲最宏大、最豪华的皇宫，建筑面积达11公顷。1661年法国国王路易十四开始建宫，历时28年落成，后又经历代王朝的修葺和改建，遂成现在的规模。凡尔赛宫以东西为轴，南北对称，包括正宫和两侧的南宫和北宫，内部500多个大小厅室无不金碧辉煌。宫内大理石镶砌，玉阶巨柱，以雕刻、挂毯和巨幅油画装饰，陈设着稀世珍宝。

100公顷的园林也别具一格，花草排成大幅图案，树木修剪成几何形，众多的喷水池、喷泉和雕像点缀其间。凡尔赛宫及其园林堪称法国古建筑的杰出代表，1833年被辟为国家历史博物馆，1919年6月28日，结束第一次世界大战的《凡尔赛和约》就在此签订。如今，这里是法国领导人会见外国元首和使节的地方。1980年被列入《世界文化和自然遗产名录》。

与凡尔赛宫的华美形成鲜明对照的是周边配套设施的脏、乱、破。不知法国人怎么想的，很多雕梁画栋、非常气派的古典式楼房，却窗棱破败，肮脏油腻。街道拐角臭气熏天，草坪上斑斑点点纸屑飞扬。正赶上大假和周末，法国人蜂拥而来，几千辆车在停车场进不去出不来，喇叭声振天。上万人在烈日下转着圈地排队买门票，无遮无挡。而那么多人在室外活动，我们只找到树丛中一个脏到世界之最的简易厕所。众多无票者拥挤着被拦在皇家花园的铁索外，而偌大的花园里其实空空荡荡……

不仅是城堡宫殿的审美疲劳，也不仅因为人多而头疼，凡尔赛宫管理的混乱让人望而却步。田梅在暴烈的阳光下为我们排队等票，估计得两小时后才能买上。我们仨转了一圈竟不约而同地心慌难受，幸好二苗随身带着救心丹，于是每人含上几颗，拉上田梅赶快撤出了人山人海……

离开北京已近一个月，几乎每天都要接受大量新的信息，每天都要奔袭几百公里，基本是人困马乏。看得出来田小蕙在咬牙坚持，其他人也对“累”有了深刻体验。如果不是令人震惊的美，感觉已经呈麻木状。凡尔赛宫的失落加剧了疲劳的感觉。午饭后，大家一致赞成就在街边，就在车里，豪睡他一觉。于是微启窗缝，打开空调，放倒座椅，各人摊开四肢，瞬间鼾声此起彼伏……

巴黎巴黎

当一个城市承载了太多功能的时候，就缺少了特色，变得大而无当，繁

亨利四世骑马铜像

塞纳河畔

塞纳河上的桥每座都不一样

华杂乱。所以我不喜欢所有国家的首都，但是巴黎除外。

我那年来巴黎之后，一直怀念塞纳河上几十座形态各异的桥，河边密集而有序的古典建筑；怀念巴黎圣母院的钟声，左岸的书摊和画家；怀念蒙玛特山上的罡风，还有红磨坊的艳舞……

当车子开进巴黎的时候，全体神叉都欢呼起来，为着巴黎的漂亮。我开着车，带大家沿塞纳河巡礼，埃菲尔铁塔、凯旋门、协和广场、卢浮宫、国家大剧院、巴黎圣母院……似乎法国把所有的创意与精华都集中在了巴黎身上，而巴黎的许多精华又都集中在塞纳河的两岸。

这几天我们将住在朋友的外甥女威威的家里。威威24岁，是个漂亮的中法混血儿，她在拉丁区的大学读研究生，就近在拉丁区租了房子。她要晚上8点才下课回来，于是我们停好车，就到附近的巴黎圣母院转转。

巴黎圣母院位于巴黎市中心，是一个千年不息的传奇，几百年来一直是文人画家的灵感源泉。教堂的每一边都有漂亮的花窗。正面的玫瑰花窗直径达到10米，绚丽神秘，无与伦比。教堂顶上带怪兽的滴水嘴，因出现在雨果的小说《巴黎圣母院》中而小有名气。而当初设计这些滴水嘴的目的，是为了使屋顶的雨水落到地面时离墙基远一点。从陡峭的台阶可以登上钟楼的顶部，在这里能远眺巴黎的美丽景色。南钟楼里悬挂着一个重达13吨的巨钟，单是钟锤就有500公斤。看到这里，电影中钟楼怪人卡西莫多一边上窜下跳地敲钟，一边高喊："避难！避难……"的情景于眼前再度出现。

塞纳河上的游船

巴黎圣母院正在做周日弥撒，近千人汇集在教堂中，却静到鸦雀无声，我们也悄悄地坐在人群中。管风琴奏出深沉悦耳的旋律，一个身着蓝装的年轻教士引领着大家高唱《圣母玛利亚》。大主教缓步走过来了，他高大魁梧，身穿绿色长袍，面目慈祥威严，一点不像电影中的神父那般阴险。他的前后簇拥着手持火烛的年轻教士，这个队伍所到之处，均是轻声的惊叹，众教徒仰慕的眼光始终追随着主教的身影。简单的仪式后，大主教开始演讲，声如洪钟，抑扬顿挫，就是一句也听不懂。之后仍是那个年轻教士上来，类似于宣誓似的领颂，仍是一句也不懂，但知道最后随所有教徒一块大声说："阿门！"接着就有一些教士下到人群中用盘子敛钱，估计是为什么事情募捐，我也捐出两欧元，信不信基督，懂不懂教义单说，善事总是要做的。募捐完我们仨就撤出教堂，田小蕙则一直和广大教徒静坐交流，尽管语言不通，但回来据她说"心灵受到了高度净化……"

晚8点我们入住威威的家。威威的妈妈郭燕是个凡事拿得起放得下的人，酷爱跳舞，擅长桑巴、伦巴及萨萨。她欧洲、南美全世界地跑着跳舞，用我们的话说，"是个以跳舞为生的人"。郭燕在孩子身上没怎么操过心，据说她给孩子开家长会都能走错班。大概正因为放手，她的三个女儿个个自强自立，成材有出息。老二威威聪明大气，是个能力极强，特有个性的孩子。她在选专业，交朋友，甚至生活方式上完全自己做主。一个人在巴黎朋友成群，学习玩乐两不误。听说一群"疯姨们"要来法国玩，威威立刻把自己的住房腾出来，好让这些“疯姨们”省点钱，她自己则挤到朋友家去了。

在巴黎，一般高档公寓的顶楼设有旋梯，再往上是阁楼，原是保姆和工人居住的，威威租的就是这样一处阁楼。其实阁楼也很好，位居市中心，宽宽大大的房子有40平米左右，里外间，开放式厨房，独立卫生间。可人疼的是倾斜的屋顶上有三个硕大的老虎窗，推窗远望，东面名人堂，西面埃菲尔铁塔，巴黎风光无限。

晚上，逛拉丁区的小巷，我们在一家非常有法国特色的餐馆里款待威威。姨们虽“穷”也是家长，怎么也得请孩子吃几顿饭。威威知道我们爱开玩笑，但也很享受这种天伦之乐。

香榭丽舍大街无美女

今天天气晴好。我们全天浏览巴黎市容。

从中世纪开始，随着政权的更替，巴黎断断续续成为法兰西王国的首都。16世纪时，美第奇家族的凯瑟琳下令在此建造了杜伊勒利宫（也就是今天的卢浮宫）作为王室的居所。进入17世纪，路易十四极其继任者们先后选择了入住凡尔赛宫。拿破仑一世统治期间，法国王室重又回到巴黎，并在城里建造了一些大型城市建筑。今天巴黎的主要城市风貌还是形成于拿破仑统

圣心教堂

协和广场上的方尖碑

治期间。当时的奥斯曼男爵主持设计了多项规模宏大的工程：建造火车站和公园；完成卢浮宫工程；规划出多条两边布满重要景点的主要街道。

巴黎享有的非凡品位和优雅的声望，主要还应归功于这里的时装店、首饰店和香水店。它作为时装、艺术和美食的圣地，充分演绎着法国式的高雅艺术生活，同时凭借一如既往的人气和独特的氛围，成为一座独一无二的大都市。

但巴黎之所以是巴黎，依靠的还是普通巴黎人生活的小街小巷，和面包房里飘出的热面包香味，这一切都使巴黎这座大都市又染上了一层外省生活的气息。其实巴黎的各个街区因居住的人群不同而显得风格迥异：蒙玛特是艺术家的天地，圣日尔曼德普雷生活着文化人和作家，交易所和歌剧院附近是金领男女青睐的地盘，到了拉丁区又是大学生的天下。巴黎有12000个咖啡馆，巴黎人习惯每天早晨上班前站在柜台边喝一小杯浓咖啡。我们感受巴黎风情就先从品尝烤面包、喝咖啡开始。一种叫“烤桑”的牛角式面包在这里被烤得无与伦比，酥、脆、香，就着滚烫的咖啡，我们在巴黎的生活拉开了序幕。

我们沿着塞纳河右岸逶迤而行，沿途经过巴黎圣母院、卢浮宫、协和广场、香榭丽舍大街直到凯旋门……只有在巴黎你才能产生一种奇异的感觉，那就是穿梭在古典的文化与现代的时尚之间。

巴黎圣母院

凯旋门

卢浮宫位于巴黎市中心的赛纳河北岸（右岸），是巴黎的心脏,始建于1204年，历经700多年扩建重修达到今天的规模。占地约198公顷，长680米，分为新老两部分，老的建于路易十四时期，新的建于拿破仑时代。宫前的金字塔形玻璃入口，是华人建筑大师贝聿铭设计的。卢浮宫是世界上最著名、最大的艺术宝库之一，是举世瞩目的艺术殿堂和万宝之宫。同时，卢浮宫也是法国历史上最悠久的王宫。藏品中有被誉为世界三宝的《维纳斯》雕像，《蒙娜丽莎》油画和《胜利女神》石雕，更有大量希腊、罗马、埃及及东方的古董，还有法国、意大利的远古遗物。藏品多达25000件。

凯旋门屹立在最著名的林荫大道——香榭丽舍的起点。这座巨大的拱门是拿破仑一世为纪念他强大的军事力量而筹建，在他去世15年后才竣工。沿螺旋楼梯上282级台阶，可以到达55米高的露台，在那里能够俯瞰巴黎扣人心弦的景色。巴黎的布局也可以一览无余，凯旋大道以凯旋门为中心向四面八方辐射，犹如星星放射光芒。

香榭丽舍大街是巴黎最长的街道。街两边是鳞次栉比的银行、影院、航空公司和各种品牌展示厅。还有一家名叫福盖的咖啡馆，这家咖啡馆还拥有香榭丽舍大街上仅存的露天咖啡座。

有人告诉我，香榭丽舍美女如云，在街边喝着咖啡欣赏时尚美女是一件很惬意的事。事实上不要有这种期望，因为没有什么巴黎美女。就如北京已不仅是北京人的城市一样，巴黎也不仅是法国人的巴黎，香榭丽舍大街拥挤着众多外国游客，来此购物是他们重要的目的：亚洲人热衷于箱包，阿拉伯人是化妆品的豪客，欧洲人采撷衣着的时尚，黑人频频光顾小电器商场……各色人等购物之后贩运似的肩扛手提，早已没有了从容的仪态，更别说优雅了，香榭丽舍变得脚步匆匆，纷繁杂乱，不再富有浪漫情致。

今天没有开车，因为景点密集，另外各景点不好停车。然而，没有交通工具，人的活动能力大大减小，徒步半天已使人脚底发软。中午我们在一家餐馆歇脚带吃饭，每人一大盘热乎乎的意大利通心粉，吃得很舒服，也使通体酥软。下午本来计划去埃菲尔铁塔，我已不想动了，再说我曾经去过，对那里的人山人海很憷头，田梅和二苗也响应着。其实要说累，体力最差的田小蕙应该比我们更甚，但她对我们的“临阵变卦”很生气，自知劝不动我们，就赌气说要自己一个人去。斜眼看各位没反应，说出的话也不好收回了。田梅还殷殷地告诉她怎么走路怎么坐车，一直把期望集体行动的田小蕙单独地送过了马路。

当年，巴黎红磨坊的艳舞之美给我留下深刻印象，所以我一直撺掇大家陪我重温。“艳舞”一词撩动着二苗和田小蕙的想象力，尽管每人90欧元有点贵，我们还是买了晚上10点丽都夜总会的演出票。丽都就在香榭丽舍大街，要游逛到晚上10点，时间的安排上有点失算。田梅也来过巴黎，而且据说在美国陪客户看康康舞次数多到一提就想吐，所以坚决不参加，但三个“语盲”离不开她，所以她不仅得耗到晚上，还得等我们看完演出一块儿坐地铁回去，真可怜。

整整一下午我们仨就在各精品店出来进去地乱窜。我是个巨不爱逛街的人，没有耐心挑选商品，尤其不能容忍挑了半天什么都不买的行为。在北京我只固定去一两个大商场，产品质量有保证，购物环境好，而且直奔要去的柜台，买完就走。田梅是见什么都想买，二苗一直嚷嚷着手表、墨镜。于是她俩前边走，我在后面跟，她们挑商品我赶紧找地儿坐着。她俩说好的东西我也就盲目地参与一份，于是我也买了香奈尔“N5”香水，基于还买了一件T恤，给自己添补了快用完的娇兰眉笔唇膏。田梅、二苗除了每人手腕换上了明晃晃的瑞士表（上法国买瑞士表！），还滴里嘟噜变出了数个大包小包，我们最终加入了街上“贩运”的行列。

约定的时间到了，田小蕙撅着嘴回来了，但她摔摔打打始终不正眼看我们。我和二苗没陪她去铁塔心里多少有些愧意，嘘声敛气地没敢招惹她。我们仨进入丽都，侍者把我们带入座位，同时送上冰可乐。

巴黎的红磨坊有着100多年的历史，它曾是上流社会娱乐的项目，有较高的欣赏价值。欧洲是雕塑的发源地，对人体美十分崇尚，而法国美女世界闻名。其实康康舞并不低级趣味，通过豪华的舞美，绚丽的灯光，摄人的特技，载歌载舞地表现年轻女孩的美，是很艺术的事。红磨坊早年以裸体歌舞为主，近年早穿上衣服了，尽管非常节约布料。

我那年是在蒙玛特山上的红磨坊看的演出，丽都是红磨坊的翻版，这两年在舞美与道具方面有长足进步，连直升机，军舰都用上了（当然是袖珍的），演员也是歌有裂石之音，舞有天魔之态。但兔女郎质量有所下降，舞台上已出现30岁左右的滥竽充数者。

整个演出期间大格格田小蕙一直不跟我们说话，弄得我和二苗鼓掌也不敢太热烈，也不能表现得太高兴。回想一下，我俩虽有错儿可也不算严重啊，二苗与田小蕙同属北京人艺子弟，在一个院里长大，对大姐的使性子很不买账：“谁怕谁呀，爱理不理。”挺美好的一个晚上弄得气氛很尴尬……

阴天，淅淅沥沥的小雨从早到晚。

在巴黎其实最好的方式就是骑自行车，不仅方便灵活，还因为风情都在小巷中。要租车街头到处都是，而且都是崭新的自行车，租车人只需把租车卡在刷卡器上刷一下，车锁自动开解，用完可以在任何一处停车点刷卡归还。我们没有租车卡，买来又用不完，更重要的是临近回国，不能让二把刀田小蕙出问题。所以这两天的活动都是乘公交车或徒步。

歌剧院附近是巴黎著名的商业区，老佛爷、巴黎春天等名店都在这里，也是巴黎最富生命力的街区之一。我们上午在这逛街，田梅大买特买，田小蕙大买特买，二苗大买特买，我在大流的裹胁下也“斥巨资”为自己置了一双羊皮手套。

晚上我和二苗大显身手，在“家”整治出一顿丰盛的晚餐——大米饭和五菜一汤。因为饭菜可口，田小蕙脸色见缓。为了表示对我们不记前嫌，一边勤下筷子于肉菜之间，一边给自己找台阶：“我昨天就是太累了不想说

卢浮宫

话，对了，还因为遇见一个黑人从暗处窜出来吓了我一跳……”二苗脸还是黑着脸：“那你就冲我们撒气呀，还姐姐呢。”大格格不好意思，话题又转了：“这次出门，我掉进坑里，李立风从铁丝网上折下来，二苗摔过大马趴，就田梅没摔过跟头，你什么时候摔呀？”这话让正专心吃饭的田梅噎得直翻白眼，拿筷子指着田小蕙说不出话来……

晚饭后，田小蕙照例跟炕亲热，我和田梅仍然不得安宁，被二苗这头“驴”趋赶着冒雨去圣心教堂。

巴黎的地铁很发达，延伸到城市的各个角落。火车在城里仍然在地下行驶，出城后钻出地面。政府为了鼓励人们使用公交，给予了很多补贴，市民使用通卡和月票很便宜。作为游客我们买了一张通票，10欧元可以使用12人次，即便没有通票，1块钱也可以乘坐到任何地方。

蒙玛特高地就像一座大城市里的村庄，有窄窄的街道、磨房和葡萄园。那小街的十字路口最有特色，很陡的坡道，狭窄的石阶以及著名的LapinAjile兔子像。这个地方我来过，感觉不错。那次是白天，小丘广场上有许多艺术家在此推销他们的画作，或给游人画肖像。据说当年毕加索、塞尚、图卢兹、雷诺阿、左拉等艺术家经常光顾这里。

田梅和我一样曾经来过，她就在山下喝咖啡，我陪二苗上山。

在南边乘坐缆索铁道可以轻松地上到圣心大教堂的平台，我和二苗愿意爬山，其实也没多高。圣心教堂是拜占庭风格，有很漂亮的圆顶，于1914年建成。白天如果登上教堂的穹顶，可以俯瞰巴黎的景色。

今日天黑，下雨，我们又是最后一拨游客，所以刚摸进黑乎乎的教堂就被连劝说带扒拉地“劝退”。二苗还想挣巴，一看是个人高马大的黑人就算了：“什么也看不见，谁爱进去呀。”教堂外秋雨纷纷，但可以远远看到万家灯火和高耸的埃菲尔铁塔。

历史上，西非一些地区曾经是法国的殖民地，所以今日巴黎有相当一部分黑人、阿拉伯人。由于法国人并不海纳百川，有色人种很难融入到法国血液中，于是移民们多聚集在首都巴黎。所以法国人不无醋意地说：巴黎已不是法国人的巴黎。不少黑人生活在蒙玛特地区，从事蓝领工作，也有一些无业游民。我们下山的时候，几个醉醺醺的黑人正在拦截游人要钱，遇见年轻女子也上前挑逗，行人多数紧走几步躲开而已，没人喊叫求救，那些黑人也不再追。我和二苗走在最后，心里还真是有点紧张，想着万一有人捣乱，给他点钱赶快走，还不行的话，拿伞把儿照脑袋上给丫一下子……然而，那些黑人并没有过来纠缠。我和二苗赶快跑到街口与田梅会合，立即返回。

巴黎的中国人

今天雨住了，天未开。早饭后各位自由活动。二苗与田小蕙没来过巴黎，她俩搭伴去卢浮宫参观。田梅拿着“麻袋”准备二进老佛爷，继续商品扫荡。我想过一天闲散的日子，在家里发呆，去左岸游逛，串串胡同，吃点偏食什么的。

塞纳河左岸的书画摊

早上我先和田梅到近在咫尺的名人堂逛了一圈，然后到卢森堡花园散了会儿步，接着她去购物，我又在小馆慢条斯理地喝了杯不加糖的蓝山咖啡，然后沿着塞纳河左岸有心情无目的地一路溜达。

塞纳河是法国东北部的一条大河，它穿过法国的心脏——首都巴黎，注入英吉利海峡。塞纳河在巴黎的诞生及发展中扮演着重要的角色，它与巴黎紧紧相连，犹如心脏与动脉连接得那样和谐，浑然一体。它就像巴黎的一条腰缠玉带，将巴黎轻轻地抱在怀里。法国人说，没有巴黎就没有法国；而巴黎人说，没有塞纳河就没有巴黎。所以巴黎人深深地爱着这条河。他们发挥聪明才智，尽其所能地世世代代美化着塞纳河。如今，它蜿蜒曲折，如诗似画，充满浪漫色彩，河堤两岸绿树成荫，人们或在绿荫下散步，或在岸边休憩，在夜晚的凉爽中得到休闲和满足。

塞纳河左岸的文化氛围首先体现在众多的书画摊上，这里除了各种版本的书，还有名画复制品，巴黎风光的画册，人物素描，也有书摊主人自己的新作。我选了几幅素描，一两元钱一张，很便宜。这些小画加上画框，挂在家里是很有味道的点缀。

巴黎圣母院侧面

桥头有几个三四十岁的中国画家在给游人画肖像，连续几天路过，我跟他们聊天比较熟了。这些人大都毕业于中国高等美院，有的仰慕西方美术，有的在欧洲深造，有的想来法国发展，到巴黎已经四五年了。这些人如在国内应是呼风唤雨的艺术家，在这却成了名副其实的“法漂”。他们也创作，也办小型画展，有空就在桥头画肖像，生活勉强过得去。几年时间的疏离，他们对国内的发展不甚了解，也很惊讶我们居然能自由地在欧洲开车旅游。

几个中国人很抱团，一个年龄较大的张罗生意，然后分派给不同的画家。给我画像的是一个刚来巴黎不久很腼腆的年轻人，毕业于四川美院。刚开始勾勒形象，小雨飘然而至，其他闲着的人赶紧撑开伞，一把给我遮着，一把护着画纸，让我觉得很过意不去。画到一半，过来一男一女两个警察，画家们有点掩饰不住的紧张，那个年龄大的人出面跟警察周旋，其他人不动声色地收起画具。我问：“有事吗？停一会吧。”也许因为事已至此，也许因为自尊，他们对我说：“没事。”此时我的关心已不是画得怎么样，而是这几个同胞将会面临什么情况。法国警察并不一脸严肃，笑着凑过来看了看肖像：“不错不错”，但一点没通融地查记了每个人的身份证，开了个什么单子。警察走了，画家们仍然一脸平静，就像什么都没发生过。

结束时，我拿出双倍的钱，用手挡住他们的推脱：“都不容易……”那个年龄大的人对我“谢谢”的同时向我深深鞠了个躬，然后对那个年轻画家说：“你收着吧。”不知为什么我一阵心酸，赶快扭头走掉。

离开中国人的画摊，我已决定在中国餐馆吃午饭。拉丁区小巷里有一个北京人开的面馆，老板40来岁，家住海淀，军人子弟，十分健谈，一口不走样的京腔京韵实在太亲切了。我要了一碗馄饨，老板说：“别着急，我亲自给你煮。”须臾，端上来的是两碗，老板拉开座椅“我跟老乡一起吃”。那是一碗空前绝后的馄饨，不仅热气腾腾，色香味俱全，还佐以他乡遇故知的心情。

今天是圣母玛利亚的红日子，很多单位放假，不少商店打烊，巴黎圣母院人山人海，弥撒做得盛况非常。我本想到昨天的小超市去买点鱼和肉，晚上给大家做顿饭，但超市老板带着漂亮女员工朝拜圣母去了。我只好在另一个只有半间屋子的小铺买了点菜。

虽然材料不够丰富，但咱的手艺还行，当饭菜飘香的时候，那三位神叉陆续回来了，每一位都是风风火火，每一位还都有故事。

田梅逛街逛到腿儿细，买的东西琳琅满目够开一杂货铺，以高档物品居多，其中有一支万宝隆的签字笔贵到3500人民的币。我伸手摸了摸她的脑门，最起码45度……

田小蕙逛完卢浮宫又折回去买东西，买东西您倒记着点路呀，出了商场俩手倒满了，脑子空了，再一翻兜，才知道掏钱的时候一并把田梅给她写的地址给了售货员。田小蕙就是田小蕙，这么多年影协不是白待的。不懂法语没关系，电影《巴黎圣母院》看过吧？她一边做着新疆舞拧麻花的动作，一边“爱丝米拉达！爱丝米拉达……”地叫着，就这一个名字，愣让法国人把她带到了巴黎圣母院，从那一过河，嘿，找着家了。

宋二苗出了卢浮宫干脆走反了方向，人家心里有数，反就反呗，先玩够了再说。她一直玩到饥肠辘辘，一直玩到相机卡壳，然后在街边找了一个“警察叔叔”，把地址交给人家，坐着警车回了家。人有多大胆儿，地有多大产儿。一个巴黎能难倒咱们神叉？小样儿！

我费了好大劲才把那亢奋的三位按在椅子上，刚要吃饭，威威来了，和一群疯姨济济一桌，把所有能吃的东西全部干掉，只剩下半瓶酱油……

夜游塞纳河

明天就要离开巴黎，离开法国了，还有一个我极力倡导的节目没有完成——泛舟塞纳河。如果没有塞纳河上的这些游船，巴黎就不再是巴黎。坐在船上看巴黎夜景，看灯光中的巴黎圣母院、卢浮宫、特鲁卡特罗广场和埃菲尔铁塔，绝对是一种新视角。就好比拍摄一个画面，从什么角度，动还是静，白天还是夜晚，带不带密度，效果决不一样。但我的建议却遭到冷落。这次我坚持了一下，强带着不情愿的众“俗人”走入夜巴黎。

塞纳河的游船路线是从埃菲尔铁塔附近出发，往西岱岛航行，再前往圣路易斯岛环绕一圈返回，沿途既可以拜访巴黎的发祥地，又可以饱览两岸名胜古迹。游船徐徐前进，夜晚的塞纳河安静而富有诗意。两岸的华美建筑流光溢彩，霓幻无穷，令人目不暇接。一座又一座漂亮的大桥不时从头顶掠过，每个桥洞都雕刻有精美的人物塑像，默默地注视着往来的各色人流。倚身游船栏杆，放眼塞纳河两岸史诗般的宏伟建筑，不能不被感动。

塞纳河是巴黎的灵魂。它不窄，也不宽，不急，也不缓，就这样静静地流淌着，默默地关注着世事的变迁，承载着古老文化的命脉……

此行法国，我们从东北南下到蓝色海湾，又从普罗旺斯地区翻越阿尔卑斯山进入卢瓦尔河谷，再北上到枫丹白露，实际上步步铺垫，逐渐深入地了解了法国的历史，地理路线最终变成了逻辑路线，最后到巴黎是个高潮，做了一个小结。但，在恢弘的“法国交响乐”最后，还有一个尾声，一个余味悠长的尾声……

亚眠大教堂

亚眠的大与小

出发了，今天我们要参观法国北部的城市亚眠。

亚眠是法国北方皮卡第大区索姆省的首府，人口仅16万，气候湿润，环境宁静，民风淳朴，虽然距巴黎只有60公里路程，但一点没有巴黎的喧嚣，是个十分适合居住的地方。

亚眠不喧嚣，却也不萧条。已780岁的亚眠大教堂屹立在这里，这是法国最大的教堂，也是13世纪最大的古典哥特式教堂之一，理所当然登录世界文化遗产。亚眠大教堂的修建集中了近一个世纪的先进建筑技术，是最高、最长、最大的教堂。

有意思的是，除了主教堂的宏大，亚眠的城市风格却非常小巧。

亚眠河窄窄的，悄悄流经大街小巷，宽的地方由一座双拱小桥连接两岸，窄的地方搭一条独木板就能过河。彩色积木一样的房屋沿河而建，五彩斑斓却亲密得没有间隙，你家的西墙也是我家的东墙，我家种的花也许在你家窗台绽放，给人一种“邻里犹如亲情”的感觉。

亚眠不仅小，而且悠然。河边的房屋前，并排坐着几个衣着入时，红脸白髯的老人，他们无所事事，却并无落寞表情，不像在思考什么，也不东张西望，与我们的目光相遇，就展开一脸微笑，像是说，天气真好。并不期待你有太多的回应。18世纪绅士的行头——拐杖与礼帽，如今只是夸张的爵士舞道具，却在亚眠遛狗老人的身上集中出现，而且与环境那么和谐。灯杆与桥头挂满了鲜花，不是粗糙易养的普通花卉，竟是精精致致的兰花香草。

俯在桥头远远望去，天上静静飘着多彩的云，河边悄悄开着多彩的花，水中幽幽映着多彩的影，迎面徐徐吹来凉爽的风……多么精致与妩媚的城市。

所以100年前科幻作家儒勒·凡尔纳毅然离开了繁华的巴黎，来亚眠定居。他说“亚眠人理智，性格平稳，社会氛围融洽，且颇有文学气息”。正是在迁居亚眠的前后，凡尔纳陆续完成了他最著名的海洋三部曲《格兰特船长的儿女》、《海底两万里》和《神秘岛》。

我们在河边坐下来，那三位要了海鲜，我点了猪排。到了亚眠你绝对不能急，面对着急，亚眠人报以的是微笑，而那么友好与淳朴的微笑也立刻能化解你的焦躁。于是先在河边的凉伞下，因下雨后来转移到室内的壁炉旁，我们在亚眠的午餐足足吃了两个小时。

欧盟建在弹丸之地

终于走出法国了，车轮开始丈量比利时的国土。虽是弹丸小国，却给人豁然开朗的感觉，高速路非常宽阔。连天的阴霾一扫而光，天高云淡，就差望断南飞雁了。多姿的梧桐无影无踪，路边的防风林带从矮到高列队三层，士兵一样地整齐。

但进入首都布鲁塞尔，视觉却一下子收缩了下来。布鲁塞尔是个五角型的城市，小到在世界地图上需要用阿拉伯数字来二次标识。一条街道大排行，于是我们从800多号一路摸来，开车半小时后才数到39号——我们的酒店。

比利时与其说是一个国家，不如说是一种风情。而这种风情蕴藏在它的碎石窄街和沿街而建的房子里。这里的街道很窄，仅容两辆小轿车错身，所以车辆中，小小的MINI成了主角。当一辆小巧玲珑的MINI停下来，你期望下来一位同样小巧玲珑的美女，但从里边钻出来的很可能是一位壮硕的大汉。

配合着碎石与窄街，这里的民居多是低矮砖石建筑，有灰黑、赭红和土

大名鼎鼎的护城小童于连

布鲁塞尔街景

黄色，有的房屋外形看起来像一把大吉他。房屋中没有高大簇新的建筑鹤立鸡群，而是一片一片相连，有着非常整齐的格局。房屋虽小，窗户气度却不小，家家都是落地窗，通透开阔，易于采光。而且一律不挂窗帘。在这里决看不到中国特色的防盗窗。于是小城的魅力在窗户内向你无拘无束地展示出来。你会发现房间内有主人精心收藏的家具、蕾丝、瓷器、古董。有的房间内，女主人刚刚插上的鲜花正争奇斗艳。

我们把行李放下，乘酒店的观光车前往中心广场，其实只有10分钟车程。

按照一般观念，布鲁塞尔哪有巴黎、伦敦、柏林重要，但正是它的不重要，造成了今天的重要，欧盟就建在布鲁塞尔。任何大国都不可能把自己的首都作为国际协调中心而取信于其他大国，因此，小得不能再小的比利时正当其选。

在欧盟总部大门口，静静垂落着那面蓝旗，在它的后面，一排排国旗相拥而立，作它的后盾。这些国旗原先高高飘扬在各自的国界前，自从有了它，大家都纷纷收回，到这里来享受清净。原来只为反战而结盟，不料却给世界带来了新的结构、新的制衡。

按传统观念，总觉得欧盟不过是一个国际组织罢了，怎比得上一个国家实在？其实欧盟正是针对这种国家至上的观念出现的，历史证明，这种观念的极端形态导致了太多的人间灾难，而且肢解了欧洲大地的活力。

在目前，欧盟的大行动主要表现在经济方面，为此连货币都趋于统一，实在是大手笔。记得10年前我来欧洲，在意大利花里拉，去法国换法郎，到德国找马克……结果经常为来不及换钱买不成东西，最后花不完的各国硬币剩下半口袋。如今统一为欧元，极大地方便了各国流通，尽管很多国家为此付出了很高昂的经济代价。此外加入欧盟的国家，撤除了边界卡，使得我们今天才能在申根国家之间驱车直入，畅通无阻。这大大改变了欧洲各国“诸侯割据，散沙一盘”的局面，也必将凝聚欧洲的力量。

另外，听说欧盟对贫困国家的援助非常实在，西班牙、希腊、葡萄牙等国家每年接受的援助款项，在国民经济中占据很大比重。

在广场上流连一会，天色暗下来，我们急着去看于连，那个用童子尿浇灭了敌军毁城炸药的小男孩。不知为什么，问了几个人，都说不知道，最后一位先生还一脸疑惑，谁是于连？急得二苗直用分解动作比划，撒尿的、矮矮的、男孩……那位先生笑得前仰后合，他终于明白了。

按照他指示的方向，我们终于找到了大名鼎鼎的于连。在一个潮湿的墙角，铁栅栏围着护城英雄。这么多年小童于连也没长个，田梅的话，只有“尺把长”，黑黝黝的极不起眼，童子尿倒是绵绵不绝，要不是这哗哗声，根本引不起路人的注意。一个顽童瓦解了不可一世的毁城大军，百年来接受着世界各地慕名者的膜拜，这不一定是他的初衷。孩子的游戏暗合着成年人的观念，而成年人的理想却是回到孩子的纯真。但，回得去吗？所以小童于连满脸笑意……

布鲁塞尔街景

田梅小贴士

※　在欧洲无论是火车，旅游车，观景车，都是买来回票、集体票（往往三个人以上就算集体票了）便宜。所以最好事先打听好在景点玩所需要的时间大约是多少，打点富裕，买好时间段的来回票。

在普罗旺斯地区游玩，最好是自己驾车，因为景点都分散在附近的村落中，距离几公里，十几公里不等，没车很难玩得尽兴。

※　法国巴黎每年8月份不收停车费。

※　卢浮宫不是每天开放，一定要事先问清楚　。

※　到埃菲尔铁塔留神自己的手包和财物。

※　坐船游塞纳河一定要在晚上，灯光会给你呈现出一个与白天完全异样的巴黎。

※　于连雕像附近的街巷里，有很多卖巧克力的商店，很多游人都买“象牌”巧克力，因为相对于这个品牌这的价钱较便宜。但是后来我们发现，这些巧克力包装不精致，口感更不能和真正的“象牌”巧克力比，不能说是伪劣产品，但肯定不是真牌。

※　比利时另外一个特色产品是手工蕾丝，虽然他们非常精美，但因制作很耗时，所以价格出奇的贵。

北欧篇

深蓝的海水与碧蓝的天空辉映，使整个城市氤氲在蓝色的雾霭中。

传说从前这里是一片荒凉，海浪冲来的遇难船只的碎片堆满了海滩，当地土著居民便捞取这些木片搭起简陋的小屋……

在小廖家做客

离布鲁塞尔200多公里的罗森道尔（荷兰）田梅有一个朋友——小廖，我们准备顺路去看看他。

小廖，温州人，50来岁，移民荷兰25年了。大儿子已成年去了德国，女儿在巴黎念大学，留下老爹老妈在这里开饭店。罗森道尔既是廖家在欧洲的大本营，也是儿女们闯荡世界的经济后盾。

几年前，小廖到北京时我们见过一面，那时就觉得他沉稳而雄心勃勃，因为赚了一些钱，很想好好干点事。

小廖临时知道我们要来，非常兴奋，直要驾车到高速路上迎接。我们一个劲劝阻，说几千公里走下来就没有找不到的地方。小廖放下电话就做菜去了，于是田梅在车里提前“开饭”。她扭身朝后向观众演讲，说小廖那里的三文鱼多么鲜美，酸辣汤空前绝后，“穆斯伦”入口难忘。小廖的厨艺无人能比，使用的作料非同一般，欧洲人哪吃过如此美味，所以他的饭店远近驰名……说得大家群情激奋，喜形于色，司机我的血液直接奔了肠胃，脑子瞬间有点空白，以至走错了路。这一错一调整耽误了时间，200多公里路，开了大半天，一直到中午，大家才饥肠辘辘地赶到罗森道尔。

罗森道尔距离阿姆斯特丹只有几十公里，却非常清净。居民只有两万人，房屋错落有致，都在绿树丛中掩映着，市政府、小教堂和公园都在中心广场，商店则集中在一条街上。没有什么公交车，因为用不着。骑一辆自行车用不了多少时间，就能把全城转遍，要走远路，私家车5分钟就能开上高速路。像样的餐馆大概只有小廖的中国饭店了。

小廖喜滋滋地迎出来，把我们让进他的饭店。和所有的中国餐馆一样，走马灯、中式屏风、红木餐桌和金鱼缸一样不少，难得的是，房屋高大宽敞，而且明亮。欧洲人举家大宴的不多，小城里经常光顾的是一家三口四口人，所以小廖不用圆桌而用长方桌，铺着白色的桌布，摆放着欧式的餐具，显得很入乡随俗。小廖的太太是他的老乡，贤内助，不爱说话，见人总是笑，夫妻非常恩爱。

大格格田小蕙把路上精神会餐的情况汇报了一番，小廖赶快说，爱吃哈林鱼呀，我去拿，海螺也有……看着小廖忙忙活活，我直埋怨小蕙缺心眼。田梅却不在乎，这跟到家一样，又朝着小廖背影大喊，还要酸辣汤啊。

喷香的花茶让人有回家的感觉，海鲜盛宴满含着小廖两口子的情谊，最后的酸辣汤更是暖人心肠。

饭后我们去小廖的家里做客，离饭店只有7分钟的路。他一路与熟人打着招呼，看得出来邻里关系不错。一个文化背景和语言完全不同的异乡人，用25年时间在这个陌生的国度站住脚，想象得出有多不容易。

他的家是三层楼的连排别墅。一层20多米的门面房现在租给别人开店，小廖说等将来干不动了，老两口在这间门脸做个小生意，前店后家的就养老了。二层是客厅和餐厅，三层是小廖夫妇及儿女们的卧室，屋顶平台种了些竹子和兰草。装修完全中国化，不仅玄关放着唐三彩，墙壁上挂着水墨画，家具全部中式，连拖鞋都是绣花鞋。进家关上门，完全没有异国他乡的感觉。小廖说，在国外，大使馆意味着中国领土，咱自己家完全中国化，才有身在家乡的感觉。撒在天边的种子，硬是靠自己的顽强坚持，营造出一片故乡的自留地。

小廖的儿女已经完全欧化，甚至长得都有点像欧洲人了。与中国的八零后子女一样，这双儿女也有点吃酸的不管辣的，“手心向上”理所当然。中国人的生活重心是下一代，小廖看儿女照片的目光充满了慈爱，他认为自己付出的一切非常值得。中国第一代移民都具备铺路滚雷的精神。

这所300平米的连排别墅价格不菲，幸亏是欧洲统一货币之前买下的，如今要用3倍的钱才能买下这套房。小廖说，他苦干了很多年，终于攒够了养老金，荷兰币一贬值，他几乎回到了原起点。统一欧元，老百姓付出了高昂的代价，但为了整个欧洲长远的发展，人民给予了充分的理解。

虽然有说不完的话，还是到了跟“娘家人”告别的时候。我们的车子开出老远，老远，小廖还在路边招手，他的身影在后视镜中越来越小，越来越小，最终像一粒种子融化在茂密的绿色中……

终于回到了阿姆斯特丹，我们的第一件事是去机场的HERTZ出租站还车。历时31天，车行7000公里，人员无事故，车辆无损伤，租金1503.74欧元，完璧归赵。

乘地铁回到我们的新住处——事先预定的一家规模不小的国际“青年旅社”。在欧美，经常有不少年轻人背包旅游，号称“背包族”，他们的特点是利用假期出游，玩得时间长，走得比较深入。这些人对驻地的要求不高，便宜干净，能过夜即可，于是青年旅社应运而生。

我们的房间是六人一间，房屋高大宽敞，宽松地摆放着三组高低床，厕所、淋浴、洗脸三处分开，虽小但很卫生。除了我们四人，还有两个法国姑娘同室。旅社带自助早餐，就餐的食堂硕大，桌椅排列整齐，一眼望去很像大学的食堂，非常壮观。看着出出进进的小青年们，感觉自己也很年轻。

明天田小蕙就要回北京了，我和田梅、二苗将背包北上，风尘仆仆地开始丹麦、挪威、瑞典三国的“北漂”之旅……

结了一下账，从7月16日到8月18日，吃、住、行，包括签证费、保险费、往返飞机票，我们每人共花费25000人民币，应该说是非常经济的支

青年旅舍

出。田小蕙喜形于色，连说“圆满圆满”。

确实很圆满。

没有乞丐的国家

我们把行李存放在荷兰朋友Emile家里，每人一个背包出行。

傍晚6点，阿姆斯特丹机场，南航带走了田小蕙，四人两伍突然少了一位，剩下的仨人一时不知怎么排队。但仅仅失落了一小会，我和二苗、田梅就背起背包雄赳赳地登上了飞往丹麦首都哥本哈根的SAS北欧航班。

10年前我随中国教育代表团访问过丹麦，对那个高纬度国家印象深刻。

首先是“暗无天日”。时逢冬天，上午10点多太阳才冒头，升到一杆子多高就不肯再往上走，下午3点又缩回去了。所以道路上的车辆终日亮着灯。天黑后，街灯昏暗，住家窗口也不明亮，灯光幽幽的。人们很早就归巢，鼹鼠一样悄无声息地过日子。被冷落的饭店、咖啡屋点的多是蜡烛，老式的炉火彻夜寂寞地燃烧，北欧的漫漫冬夜真是深不见底。

然而，黑暗与寂寞能够帮助深思。一个只有500万人的小国在世界科学界成果卓著，尤其在电磁学、光学、天文学、解剖学、医学、核物理学等方面大师辈出，这大概与长夜有关吧。短暂的白天减少了粗放型劳动的有效时间，却不会减少一个国家的智能水平。

在丹麦，非假日的白天你在街上见到任何一个学龄孩子或青年，都可以举报这个城市的市长渎职，因为丹麦不允许有失学的孩子和失业的年轻人。哪怕对于一个不爱念书的孩子，学校也要根据他的兴趣爱好，专门为他设置课程，为此可以专聘教师，甚至外教。年轻人毕业都会有工作，甚至是残疾人。

丹麦已达到了夜不闭户，路不拾遗的程度，很多人家没有门锁，据说为方便路人走乏了进去歇脚与喝水。早晨在哥本哈根火车站，我见到一个年轻姑娘坐在路边，就拿了两个硬币放在她跟前。那姑娘抬头诧异了几秒，然后笑了，并把硬币还给我，她不是乞丐。

哥本哈根遭遇

10年后的今天，正值北欧最好的夏季，昼长夜短，阳光灿烂。我满怀着对丹麦的一腔好感故地重游，却不料哥本哈根兜头给了我们几盆冷水。

下了飞机，饥肠辘辘，我提议赶快解决晚饭，免得到驻地再出来找饭辙，要知道我们从此是无车一族。笑脸把我们迎进一家中国餐馆，看看菜

哥本哈根街头

单，220丹麦克郎的三人份套餐也不算贵，一口乡音更让人晕晕忽忽。菜还是很不错，服务也周到，虽然八分饱，想想减肥的计划和兑换得并不多的丹麦克郎也就收手了。付款时，矮小的中国跑堂递过一张720克郎的账单，大家一时没回过味来，跑堂的解释，套餐不是一共，而是每人220元，余下的是小费，就手扣了免得麻烦。“靠！”“靠”完了，连废话的精神也没了，一五一十地付账。

哥本哈根虽然是首都，虽然在白昼很长的夏季，街上还是冷冷清清，我们抬头问路，低头赶路，一个社区一个社区走到脚软，终于在晚上10点20分赶到了我们预定的HOTEL。哪知道大门紧锁，叫都叫不开，因为根本没留工作人员。原来欧洲很多旅社大门都是密码锁，密码每天换，给客人发完当天的密码和床单被罩，工作人员就可以下班了。客人多晚回来也是自己开门。这家HOTEL晚上10点下班，我们迟到了20分钟，虽然有预定，人家也没等咱。

天色尽暗，3个神叉流落北欧的街头，八分饱的肚子支撑着我们四处寻找过夜的地方。正值北欧旅游旺季，酒店家家爆满。我们走一会坐一会，坐下就不想往起站，身上的背包越来越重，直想扔掉。远远看见一家挂着CAB INN牌子的酒店，心想再没有房间就赖在大堂将就一晚。果然“无房”，果然“客满”。二苗急得直用中文“白活”：我们人生地不熟的，没房间帮我们联系别的旅馆也行啊。田梅“忠实原著”地直译过去，然后眼巴巴地看着那位先生。那位先生打了几个电话，朝我们耸耸肩。看到3个神叉失望的目光，轻轻叹了口气，他说有一间工作人员的休息室，刚好今晚没人留宿，他得请示一下。请示的结果是“可以”，但一晚收140欧元。

夜里12点半，当我们“撂平”在小屋的高低床上，3个神叉才腾出心思发了一句感叹：这是我们在欧洲住得最贵的旅馆！

第二天一早赶快退掉昂贵的“工作人员休息室”，回到预定的HOTEL，前台终于有人了，说昨晚没住也不退定金，但同意你们今天进驻。然后抬下巴示意了一下昨天就放在桌上的床单被罩，又追了一句，别忘了今天的开锁密码。

进门我就倒在床上，觉着花钱没睡成的床不多躺会儿不够本。田梅跟我一个想法，而且更甚——她脱衣服直接钻进了被窝“谁叫我起来我跟谁急”。二苗没了办法“那只许睡一个小时啊”，一分钟之后，全体鼾声大作。

我们乘坐双层观光车游览哥本哈根，观光车可以带游人去各个景点，看了看路线，都是我去过的大路景观。车每到一地，下去十几分钟拍照而已，纯走马观花。但第一次到此地的人还是兴致勃勃。

到了海边我一看人很多，就想到“美人鱼”跟前肯定“乌泱乌泱”，所以没下车。果然没几分钟那俩人就嘟囔着回来了，田梅说，“什么美人鱼，黑不溜秋还没一人高。”二苗也不满意，“待那块小礁石上不留神根本找不着。”几个台湾客人也很遗憾：“满足了愿望，破碎了希望……”“美人鱼”雕塑，比真人略小，就坐落在海边一块普通的礁石上，与环境浑然一体，并不突出。也许雕塑者追求的就是这种效果。这座不算精美的雕塑因出自安徒生的童话而知名。知名不见得是件好事，多次被“粉丝”偷盗，让万里迢迢观瞻的人们失望、抱怨，从此不得清净。

下一景点是个小教堂，田梅下到一层跟司机聊天，我和二苗以为她下车了，也就出来透透气。还没两分钟，车门关上竟自开走了。我俩这才发现田梅根本没下车。我劝二苗，别急，她发现咱俩不见了，肯定让司机回来接咱们。二苗也说，说不定她让司机停车正徒步往回跑呢。既然如此，我俩也没必要着急。我们溜达进小教堂。小教堂，哥特式，小巧精美，但看过了欧洲著名的各式大教堂，就有点“曾经沧海”。随众人拿了本圣经坐在排椅上听信徒演讲。半小时过后田梅毫无消息，淅沥淅沥下起了小雨，人地生疏，不懂语言，没带手机，身无分文，就连我们俩人的车票都在田梅那里，我和二苗感到问题有点严重。我们准备乘下一班观光车回到出发点，可是又没票，正在我俩冲司机比比划划掰扯不清的时候，过来两个亚洲女孩，上前一问，还真是同胞——台湾人。台湾女孩帮我们说明了情况，司机痛快地点了头。接下来我和二苗自然无心观光了，等车开到原出发点，看到田梅正在车站寻寻觅觅地溜达呢，瞧见我们还没心没肺地喊，你俩一直坐楼上吗，怎么不下来呀？敢情她老人家根本不知道我和二苗“丢了”。当得知了原委也丝毫没有愧意：“这不回来了吗，这点事难得倒你俩？”我和二苗顿时气结。我当时就誓师一定要学好英语，决不靠拐棍。二苗觉着那样太费劲，打今儿起我就拽着田梅的后衣襟，看还能丢不。

然而，哥本哈根对我们的折磨还没有结束。

一连串的遭遇破坏了田梅与二苗对丹麦的整体印象，大家索然无味地坐在哥本哈根广场上歇着，我试图鼓起她俩对这个国家的热爱，吐沫星子乱飞地给那二位描绘丹麦的美景，世界最长的跨海大桥，童话般美丽的乡村，淳朴的民风……田梅敷衍地点头，二苗根本油盐不进，冲我装傻充愣：“我饿了。”于是“采购员”田梅也趁机赶快去食品车前排队买烤肠。

哥本哈根街头

田梅基本是个细心的人，凡事想得周到，但有一样，没事就在自己的包里一通乱掏。她的包不大，软软的层次巨多，里面东西乱放。一样东西不掏5分钟决找不出来。有一次在机场登机，她居然在那个包里掏了10分钟，以至把“肠子肚子”全抖搂出来才找到了护照，引得后边排队的长龙一阵骚动。买烤肠时她又摸摸索索地开始掏包，这举动引起了一个妇女的注意。当田梅付钱时，那女人用长袍一遮挡，灵巧的手指悄悄一夹，就衔走了田梅放丹麦克郎的信封。而我们吃完了烤肠，田梅再度掏包归置时才发现“财务部门”被盗。损失其实并不严重，但彻底破坏了大家对哥本哈根的印象和兴趣。

北欧晚9点，阳光依然灿烂时，我们就洗洗睡了。

靠鳕鱼发家的城市

早晨4点，哥本哈根的街头，急匆匆的3个赶路人，我们奔了机场。仍然是北欧SAS航空公司，目标是挪威的北方城市——卑尔根。

10年前我乘坐SAS去丹麦，由于飞往寒冷的北欧，一上飞机每人就领到一双厚厚的毛袜。乘务员一律是中年妇女，虽谈不上赏心悦目，微笑却始终挂在脸上，很亲切。飞机上食品饮料非常丰富，除了正餐，零食水果不断，还有小瓶葡萄酒可以带走做纪念。10年后，情况却完全不同了，乘务员礼貌但冷淡，一人一张“冰棍脸”。3个多小时的飞行不仅没预备正餐，连早餐也没有，更甚的是连白开水都没有。要喝饮料现钱交易，而且机上只流通美元，大面额还找不开。我们只剩两个油桃一个苹果，既当水又当食地“点补”进去拉倒。

卑尔根是挪威的第二大城，也是西海岸最大最美的港都，坐落在陡峭的峡湾线上，城市倚着七座山头，临着茫茫碧湾，直通大西洋，是座风光明媚的港湾之城。

一下飞机，立即是一种全新的景象，在碧绿陡峭的山崖上，错落着彩色积木一样的小木屋，机场大巴沿弯弯曲曲的山根行走，一个弯转过去，是豁然一片碧蓝的港湾，海鸥在停泊的帆船、游艇间飞翔，宁静而灵动的画面。我们深深吸了一口气，湿润的空气中夹带着海洋的气息。

我们住在离港口不远的一家青年旅社，16人一间。我很好奇一间房子将怎样码放16个人，但旅馆下午两点才能入住。我们把背包寄存在旅社，就徒步前往海边的鱼市场。

卑尔根是在1070年由国王奥拉夫建立的，他在中世纪时是斯堪的那维亚一个很重要的城市。卑尔根一直都是挪威的首都，直到1850年才被奥斯陆取代。有意思的是，卑尔根之所以成为重要城市，是因为干鳕鱼的交易。这个交易大概开始于1100年，当时德国商人和北部挪威渔民每年夏天都要进行鳕鱼贸易，卑尔根也因此迅速成为对外商业贸易的中心。

今天的鱼市仍在港口旁边，一大片乳白的遮阳棚下，各个摊位一溜排

俯瞰卑尔根

开，鳕鱼、三文鱼、鱿鱼、海蟹、龙虾以及许多叫不上名的海产品应有尽有，活灵生猛。要吃生的现吃现宰，沾上调料盛在小盘里当即入口。要吃熟的，烧烤、蒸煮都是现做，香味扑鼻。摊主动作娴熟，边唱边操作，刀铲伴着小曲翻飞，赢得吃客们热烈的掌声。除此，鱼子酱、鱼肝酱种类也很丰富。田梅和二苗根本走不动了，围着小摊吃了这样吃那样。我不敢招惹自己的十二指肠，到旁边的小饭馆要了一碗汤，就着炒饭填饱了肚子。

下午3点，我们上了一艘游船，去松娜峡湾漂流。松娜峡湾全长204公里，深1300米，号称世界上最长，最深的峡弯，被称为峡湾之冠。松娜峡湾包括奥兰峡湾和奈罗峡湾。前者面临风景秀丽的富拉姆山谷和世界上最陡峭的高山铁路支线——富拉姆铁路，后者则是具有全欧洲最狭窄水道的峡湾。如果游遍全程得在船上过夜，明天下午回来，而我们离开的航班是明天中午。这对我们也是个教训，将来出游，一定要全面了解细节，合理安排时间，才不会出现这么遗憾的情况。最美的景致看不成了，我们只能乘坐往返4个小时的船，短途漂流。

卑尔根风光

游艇进入峡湾，河道逐渐狭窄，两岸缓缓向后移动，沿岸的房子倒映在墨绿的水面，五彩斑斓如同幻境。进入山区，下起雨来，雾霭中的山峦陡峭碧绿，碧绿中时有一两幢彩色小木屋点缀其中，偶尔有小面积的草滩，草滩上还有肥白的羊群。一架钢索桥出现在远方，渐渐逼近，又飞悬在头顶，随后慢慢移动，逐渐消失于身后。

船加快了速度，江风扑面，寒气逼人，甲板上人很少。我们舍不得这么美丽的景色，就披上了船上预备的毛毯，田梅瘦小更不抗冻，两条毛毯裹着还流鼻涕。即便如此我们始终坚守在船头。

受墨西哥暖流影响而生成的暖风，在山间碰上冷空气交互作用，使卑尔根成为多雨的地区（所以被称为雨城或欧洲的西雅图）。这里每年平均降雨量最高达2578毫米，而24小时最高的降雨量为192.2毫米。在卑尔根有个笑话，有个游客问当地一个男孩何时会停雨，男孩答："不知道，我只有12岁。"

进入峡谷，两岸是峭壁陡岩，小瀑泉自上而下涓涓汩汩，曲折蜿蜒。大瀑布从山顶飞流直下，水雾迷茫气势磅礴。雨助水势，瀑借雨流，浑然一幅精彩的中国水墨大写意……

峡湾之行，填补了我们欧洲之旅的地貌空白。

人们都说北欧物价昂贵，真不是盖的。昨天在哥本哈根惊闻一碗馄饨88克郎（合120元人民币，6个），当然没舍得吃。连续几天没吃好，三个神叉好了伤疤忘了疼地又走进了一家中餐馆。咬咬牙要了一碗馄饨面，合人民币306元，看着我和二苗跃跃欲试，田梅严令大家别动筷子，用相机把馄饨面拍了下来，嘴里还嘟囔着"我让你贵"。我对这种行为很不屑，但大家吃面的速度明显见缓，咀嚼的次数也增加了。二苗从鱼市上买了两块三文鱼，176元，昂贵。但这里的麦当劳却让人惊喜，由于就地取材，烤鱼卷饼里的鱼非常之新鲜，味道着实不错。仨人每人一份，很实惠。我们乱七八糟地吃了一气，算是在北欧的第二顿大餐。

饭后，我们直奔16人的大“宿舍”。“宿舍” 有很多间，都在地下一层，没窗户，大白天不开灯也是伸手不见五指。60多平米的空间放置了8组高低床，床很宽大，被褥洁净，每个铺位有台灯、小搁板，大柜橱里每人有个加锁的抽屉，存放贵重东西。大洗漱间和卫生间公用，“宿舍”外有公共的客厅和餐厅，简易厨房里有餐具、微波炉和饮水机。所有这一切都很干净。

刚在屋里准备换衣服，门外进来一个小伙子，礼貌地冲我点点头，然后长驱直入。我诧异地看着他，田梅后来形容我，俩眉毛一高一低满拧着，惊讶地半张着嘴，少见多怪的目光一直逼视着小伙子，倒让人家觉得不好意思了。直到他回到自己床前躺下，我才回过味来，这种青年旅社一般是男女同寝室，也就为自己的失态好笑。屋里一色儿的青年男女，夹杂进3个“阿姨”，感觉怪怪的，其实年轻人倒没什么，处处还挺关照我们。

虽是16人一间屋，一点不闹腾。没人大声说话，没人重手重脚，每个人开门关门轻轻悄悄。睡不着的打开床头灯静静看书，年轻人晚上活动多，晚归的人也不开灯，用手电照着，爬上床悄悄入睡。奇怪的是，我们住了好几次这样的旅社，竟无一人臭脚泛味，夜里打鼾的。欧洲青年都很有素养。

卑尔根的主要游览区都在港口附近，除了现代化的购物街、鱼市、港湾，还有许多中世纪汉撒同盟时代的古老建筑，创建于1702年的布里根就是一个非常有特色的地方。

14到16世纪，欧洲各国对鳕鱼的需求越来越多，当时的卑尔根是北海鳕鱼业的集散港口，因此许多德国商人也在此大量采购鳕鱼，晒干后运到各地出售。德国人就在港口边建造了大本营，作为德国人的住屋、仓库和办公室。

这些木头房子保存完好，已成为再现中世纪渔市贸易商会的博物馆，也是市内最老的建筑物。成排的木头房子组成胡同，胡同口的屋顶上插有旗帜。进入胡同是窄窄的石板路，两边是两三层高的木头小楼，木楼梯曲折在外面，每个房子都相连，连成长长的一条街。屋子里尽量保留着原有的风貌，墙上挂着海图、罗盘、鳕鱼皮，还有铺着海豹皮的座椅……饶富趣味。再往里延伸，还有广场和更宽敞的木房，看得出当年是作为仓库的。

挪威在古代也就是有人在海边捕点鱼，打点猎，采点野果，后来学会了种植和造船，生活形态非常落后，应付不了气候变化和人口增多。8世纪以后，开始海盗活动，对被掠夺的地区犯下了滔天大罪。但从某一方面看，客观上促进了航海、促进了贸易，扩大了移民，加强了交流。用余秋雨的话，这便是从蒙昧走向了野蛮，又以不文明的方式为走向文明创造了条件。

挪威人比较坦诚，听说在首都奥斯陆还专门有海盗博物馆，他们对自己祖先不光彩的历史并不隐晦，也不羞愧，而是诚实记录，这种心态令人钦佩，但对于我们却有点陌生。

走出木屋小巷，我们乘小火车上了山。说是小火车，其实等同于缆车，虽然有轨道，还是得靠牵引的力量上山。因为山很陡，所以车厢呈平行四边形挂在铁轨上，这样当它几乎直立地爬坡时，人才不至于倾斜。路

▍卑尔根的木头房子

途不算长，15分钟后我们就到达了山顶。

难得的是天放晴了，卑尔根的本色也体现出来，深蓝的海水与碧蓝的天空辉映，使整个城市氤氲在蓝色的雾蔼中。我们在北京见到天色发蓝就欣喜万分，能看见成朵的云就奔走相告，这一切比之卑尔根的蓝天根本不算什么。站在卑尔根的山顶望向蓝天，只要定睛一会就能产生幻觉，犹如掉进那种纯净的墨蓝，坠向无边无际的深邃，有点恐怖。

背靠墨绿的森林，俯瞰蓝色的城市，这片让挪威人民滋生繁衍的天地是如此美好，得到上天这样的厚爱，确实无比富有。

上帝的山谷——奥斯陆

下午我们乘飞机离开卑尔根，50分钟后抵达挪威首都——奥斯陆。

从机场进城要乘坐火车，车票每人80元（挪威币）。在等车的45分钟里，我们和当地人聊起天来。挪威人均年收入50000美金，不算高，而且其中要交纳国税30%~40%。收入再高税收递增，而且递增的幅度很大，一个年收入15万美元左右的人，纳税竟达70%。所以挪威除了大财团，多数百姓贫富悬殊不大，但是国家福利非常好，大家也就没有什么可抱怨的了。

火车来了，分为头等厢与经济厢，头等厢非常豪华宽敞，经济厢也很干净舒适。这点我们国家也学会了，我们短途的动车组也像飞机一样，安排了很舒适的可调坐姿的座椅，座位全部朝前，也有小桌板等设备，改变了我国火车除去硬卧就是硬座的单调种类。而且，我们的洗手间也使用了药物化污，很清洁，彻底告别了过去火车污水粪便全部流泻在铁路上的落后时代。

据说，奥斯陆原意为“上帝的山谷”，它依偎在曲折迂回的奥斯陆峡湾旁，背后是巍峨耸立的霍尔门科伦山，这里苍天映绿水，既富有海滨城市的旖旎妩媚，又极具依托高山密林之地所特有的雄浑气势。城市周围的丘陵上长满了大片的丛林灌木，大小湖泊、沼地星罗棋布，山间小道交织成网。自然环境十分优美。

我们仍然住在市中心，这家青年旅社在二楼，6人一间，男女混搭。二苗推门进入时猛了点，迎面床上一个小伙子正和一个姑娘接吻，二苗“呦”的一声惊叫，随即倒退两步，搅散了那对小鸳鸯。二苗不肯往里走：“什么事呀，大白天的。”田梅一把将她扯进来：“别那么少见多怪，你没年轻过呀。”打过招呼之后，倒是那小伙子有几分不好意思，虽然还光着膀子，但已缩回被窝“正襟危坐”拿着本书看，那个姑娘却哈哈大笑得喘不上气来。我们也笑了，挺可爱的年轻人。

虽然很累，但二苗不让歇着，我们一路向市中心溜达。

市政厅在海港码头后面，是一座类似古代城堡的建筑，厅内有现代挪威艺术家以历史为题材绘制的巨型壁画，被人们称为“挪威历史教科书”。在市政厅前面的广场上是种满鲜花的花圃和喷泉，附近是奥斯陆最繁华的闹市区。闹市区有一些装潢豪华的大商场，走进去却发现东西比较过时，从做工

奥斯陆城市风光

北欧舒适的民居及安静的街巷

到款式都较落伍，稍微入眼的衣服还尽是“中国制造”。

吃过麦当劳（在北欧，因为便宜，麦当劳竟成为我们的首选食品），已是晚上10点，大家真累了，我都不言语了，田梅走路已呈扶腰拉胯状，二苗这才同意“回府”。（什么时候她混成“领导”了！）

按说这一天就该搁笔了，除了睡觉还有什么可记的？但除了睡觉，还真有点事，尴尬事……

我们的六人卧室实际上在里套间，外套间还睡着一男一女两位客人，要上卫生间还得出单元门。半夜我和二苗起来上厕所，摸黑把三道门都虚掩上。也就5分钟工夫。外间一位夜游的小伙子醉醺醺地回来了，他进门就“光铛，光铛”把外边两道门全撞上了。等我和二苗回到门口，那位早就睡死了，搭着门板也厚实了点，怎么敲门也听不见，二苗还直张嘴喊，让我制止了，夜深人静，周围还有客房，吵醒了别人不说，还以为怎么着了呢。过了大约20分钟，还没个章法，我溜达到前台，真好，有个工作人员在那打盹，我连忙把她扒拉醒，她两眼茫然一头雾水。我的英文内存不超过50个单词，情急中想起早年央视有个栏目《跟我学》，于是脱口而出“follow me！”听懂了这句话，那姑娘于是跟着我到“案发地点”查看，这才恍然大悟。就这样我们才得了钥匙进门上床继续做梦。而这一切田梅全然不知，她一向“大睡如小死”，睡觉质量超一流。

清晨，田梅舒缓地醒来，刚想惯例地感谢主又给了她美好的一天，二苗神神秘秘地爬上她的床，因为怕吵醒别人，只用手指了指旁边床上那个男人，靠着夸张的表情和手势陈述昨晚上的事情，一会龇牙咧嘴，一会捶胸顿足，田梅脸色越来越紧张，疑疑惑惑地小声问：“你被强暴了？”二苗没听清田梅的话，还一个劲乱点头，然后又指了指我，田梅终于忍不住大声问：“什么，你们都被强暴了？”我扑哧一下乐出声来，二苗愣了几秒，明白后终于忍不住大笑起来：“呸！就凭我和李立风！”全屋的人自然都醒了，莫名其妙地看着乐得前仰后合的3个阿姨，不知所以然……

第二天早晨，阳光明媚。今天没有什么日程，我们溜溜达达在市内游逛。

奥斯陆是挪威的首都，现在有人口47.7万，占全国总人口的10%以上，人口密度超过每平方公里50人以上。是挪威王室和政府的所在地。

就其发展和人口而言，奥斯陆是个起步很晚的城市。900多年前，这里只是奥斯陆峡湾的一个不到3000人的小商埠，一色的木房子，又矮又小，只有极少数的公共建筑是用石头砌筑的。18世纪80年代和90年代，著名画家爱德华·蒙克将奥斯陆画成了一个充满幽灵的城市。男人和女人全都穿着黑色的衣服，帽沿压得很低，脸色惨白。对蒙克来说，他们就如同“活着的死人，沿弯弯曲曲的路径走向坟墓”。这就是过去的奥斯陆，一个阴郁的城市。画完这幅画，蒙克离开了这里，搬到柏林和巴黎居住。

将近100年之后，在19世纪80年代中期，奥斯陆许多的文化特色仍然都是外来的，国内的有才之士不愿待在这里，纷纷到更光明的城市去寻求发展机遇。即使是20世纪初，奥斯陆的人口也只有10000人。奥斯陆唯一具有文化吸引力的是一些以探险家和滑雪家事迹为主的博物馆。到了19世纪80年代晚期，奥斯陆才开始成为国际性的都市，这一部分归功于人民意识上的觉醒，一部分则是因为石油所带来的财富。许多艺术家原本靠着奖学金逗留国外，但是突然之间，他们发现国内环境改变了很多，于是他们忍不住回国看看，看看就留下不走了。有一位著名的挪威人士在其艺术生涯中，始终对奥斯陆忠心耿耿，她就是女演员丽芙·乌尔曼，她常年住在奥斯陆，在易卜生的戏剧中担纲演出。

奥斯陆城市的一个特点是雕像多。白色王宫庄严地矗立在市中心一个平缓的山岗上，前面红沙铺地的广场上有国王卡尔·约翰的铜像。 而在国家剧院门前，竖立着挪威著名剧作家易卜生的雕像。 城里有个维格兰雕塑公园，这里陈列着挪威著名雕刻家古斯塔夫·维格兰的150组大型雕塑，雕像均是裸体，形态各异，主题多表现毫不遮掩的爱情，朴实生动，饶有情趣。在这个城市的任何一个角落，你都可以见到造型活泼的雕塑，他们并不都高高在上，很多就混迹在人群中，亲切而有趣味。而一些活人雕塑，反而站立在高台上，一动不动，让人担心他们会不会太累了。

我们在北欧各国停留的时间都不长，所以兑换的货币也不多，我们留下三人去机场的火车票钱250元，其他挪威钱都在午餐时花光光。

下午我们准时到达火车站。不知什么原因火车误点，正因为误点，我们也得以见识了挪威人办事的诚意与效率。

40分钟过去了，一些乘客有些着急，不少人和我们一样是赶去机场乘飞机的，但没有人大声提意见，而是心平气和地与站方交涉。知道了这个情况，乘务员开始在车站内跑动起来。仅仅几分钟，广播发出通知，有急事、赶飞机的乘客请马上到广场集合，不太着急的人请耐心等候。我看到乘客们都在认真地听广播，然后人群开始分流，一些人走向站外，一些人仍安静地坐等，没有慌乱，没人喧哗。我们随众人来到广场，排成长龙的出租车已经等在门前了，这是站方刚刚调集来的。工作人员指挥着乘客分头上车，并在拉开车门的同时向乘客表达着歉意。整个过程迅速有序，体现了铁路部门以人为本的处事原则和高效率的办事能力，而乘客们也表现了出了理解宽容和遇事不慌的风范。

我们三人上了一辆崭新的奔驰，到机场时里程表显示出850元，而司机得到铁路部门的补贴是600元，剩下的就得出租车司机自己贴了。而司机却不计较：亏点没什么，把客人送到目的地就好。我们赶紧把仅剩的250元钱全部掏给司机，中国人民也是有诚意的。

让人难以忘怀的挪威。

飞机晚点，滞留中接到田小蕙从北京发来的短信，问候在北欧流浪的“三个小脏孩”，说她现在猪肉大肘子吃着，见天“撂平”，幸福得无与伦比。最后还诚挚地希望小格格田梅赶紧补上没摔成的跟头，以达到全体的整齐划一。田梅气愤无比：“嘿，什么孩子！我打今天起坐轿子，我就

生动朴拙的雕塑随处可见

不摔这跟头。”我说：“那不一定，我给你下个绊，摔一个得了，好满足人家田小蕙的愿望。”话没落音，就觉得后脖子上挨了一下……

到达瑞典首都斯德哥尔摩时，已是晚上7：30。机场大巴40分钟开到市内，正赶上城市夕阳，我抓紧拍了几张照片。赶在8：30前找到我们预定的HOTEL，恰好尚未关门，入住8人混住的很干净的大房间。

老传说与新景观

传说从前这里是一片荒凉，海浪冲来的遇难船只的碎片堆满了海滩，当地土著居民便捞取这些木片搭起简陋的小屋。由于这些木片均不成块，只是一条条木头样的废料，因此，搭起的房子东倒西歪。后来这种碎木房屋在小岛上形成了一条街。外国船只开到这里进行商贸活动，看见街上的房屋如此模样，不禁感到好笑，随口喊出“斯德哥尔摩”。“斯德哥”是木头的意思，“尔摩”则是岛的意思，合起来就是“木头岛”。我很愿意相信这个传说，因为这里的民宅外墙面全部都是用宽木条挂板，似乎印证着久远的历史……

与此传说形成反差的是，今天的斯德哥尔摩作为国际化大都市的大气与华美，让你绝对找不到潦倒渔村的痕迹。斯德哥尔摩是瑞典的首都，是北欧第一大城市。面积168平方公里，人口已达到76万。他坐落在辽阔的波罗的海西岸，由14座岛屿和一个半岛组成，市内水道纵横，70余座大小桥梁把它们联为一体，素有“北方威尼斯”的美称。虽然由70多座桥连接，但因桥面宽阔平坦，车辆与行人感觉不到上桥下桥，却随时能见到碧波在脚下流过。与“以舟代步”的威尼斯不同，斯德哥尔摩的地下铁路穿过海底，四通八达，是当地的主要交通工具。中心站分为上中下三层，各层可以同时上下乘客。

斯德哥尔摩的钢铁、机器制造（电机、造船、机车）、化学、炼油、纺

瑞典首都斯德哥尔摩

织等工业非常发达。科学院、大学和原子能研究中心名列世界前茅。斯德哥尔摩是诺贝尔的故乡。从未上过大学的诺贝尔，刻苦自学，虚心求教，以发明黄色炸药和无烟火药闻名于世。他捐献全部遗产，设立了诺贝尔奖金。从1901年开始，每年评发奖金一次，届时在斯德哥尔摩音乐厅举行隆重仪式，由瑞典国王亲自给获奖者发奖。在新城区，高楼林立，街道整齐，苍翠的树木与粼粼的波光交相映衬。在地面、海上、空中竞相往来的汽车、轮船、飞机，给城市增添了无限的活力。

斯德哥尔摩既有现代化城市的繁荣，又有古色古香的风貌。在老城区，那里有金碧辉煌的宫殿、气势不凡的教堂和高耸入云的尖塔，而狭窄的大街小巷也尽显中世纪的街道风采。老城的中央广场还保留着一口古井，据说这是几百年前供居民饮用的唯一一口淡水井。自1809年以来，瑞典一直没有卷入各种战争，在两次世界大战中，因瑞典宣布为中立国，居民照常过着平静安宁的生活，斯德哥尔摩因此被人们称为“和平的城市”。老城也得以完好保留。

斯德哥尔摩的夏季非常舒服，晴朗温暖，几乎没有全黑的夜晚。我们一路溜达——海边、老城、国家图书馆，在中午12点前我们赶到位于市中心的王宫，王宫前圆形广场上的哨兵正在进行古老的换岗仪式。

圆形广场上还设有几门老式火炮（当然已是摆设了），几十个值班的哨兵衣饰华丽、头戴钢盔、举枪佩刀、神情严肃。仪式倒是很隆重，形式还挺繁复。但不知为什么，哨兵高矮不齐，胖瘦不一，加上夸张的高抬腿和大甩臂，显得很滑稽。这就不由得让人想起咱们天安门前的仪仗队，清一色一米九高的小伙子，步伐整齐得像一个人，伴着雄壮的国歌，旗手猛地挥臂一甩，五星红旗冉冉升起。那一刻感动了多少人啊，泱泱大国，礼仪之邦，此刻国威大振……

昨晚，我们在驻地附近一家叫“YOMMY YOMMY”的餐馆吃饭。老板蒂姆是个40来岁的香港人，他的中国菜加进了泰国风味，甜辣结合，很受瑞典人

欢迎，更重要的是不贵！三人点菜每顿一二百元瑞典币。连着几餐我们都在这里吃，因为是同胞，很得照顾。

在北欧的最后一天，每个人累得都有点脱形，体重下降我却没觉出步履轻盈。田梅也不盯了，但看见好商品，还能拉着胯地奔过去。二苗强打精神，但好长时间没见往外掏相机了。尽管如此，商场不能不逛，每人购买了一双ecco旅游鞋（还不嫌沉）。我一直穿这种鞋，轻便，行走爬山巨好，国内一两千元一双，这里才八九百元，比国内便宜很多。我另买一件牛仔小棉袄，大包小包提溜着，按照二苗的要求，四十天如一日地，全体坚持到晚上10点半才回旅馆。

凌晨4点，我们起床，扔掉一切可以扔的东西，包括洗漱用具，然后赶赴机场。

斯德哥尔摩的地铁好似一个山洞，很原始也很现代，山洞中走进三个困得眯眯瞪瞪的背包人。乘车钱是“严可沿儿”留出来的，而且是硬币，不然这么早地铁除了自动售票，是不会有工作人员的。

6点的航班准时起飞，两小时后，我们抵达荷兰的阿姆斯特丹。

王宫前哨兵换岗

再见，欧罗巴

Emile夫妇早在机场等候了，见面后照例是热烈的拥抱。Emile是田梅的朋友，他一直嗔怪我们在荷兰时没及早跟他联系，否则他做向导肯定让我们玩得尽兴。Emile在荷兰一家大公司就职，经济收入不错，夫人Ans没有工作。他们的一个女儿已经长大，自己出去打拼世界了。Ans的身体不太好，但她还是热情地随丈夫来接我们。Emile说，今天一天要听他们的安排。他要先带我们去一个美丽的地方，中午回家午餐，傍晚带上行李乘中国民航回国。这么好的安排我们当然没有异议。

我们坐进Emile的奔驰，连天徒步跋涉后重新感受汽车的优越性，极大地缓解了我们的疲劳，又恢复了大家的好心情。

阿姆斯特丹常年阴霾，今天照例也是雾气绰绰。汽车行驶在大片田野上，一层薄雾在两人多高的空中漂浮，纱帐似的缓缓飘动，很神奇。

半个多小时后，车子驶进一个叫Marken的小渔村，我们沿乡间小路往里走。和羊角村一样，窄窄的小河纵横交错，遍及全村。房屋非常整齐，但不是芦苇屋顶，而一概是邮差绿的木房子，由于地势太低，全都架起来，要登踏好几级木台阶，上到一个平台，然后才能走进房子。小村对外开放，也就有一些小商店，卖些荷兰特产，奶酪、青花瓷器还有大大小小的木鞋。荷兰嬷嬷正在做一种带馅的小点心，加进了新鲜的奶酪，Emile买给我们尝鲜，味道真不错。二苗一直嚷嚷着要找荷兰木鞋，见门口放着一双两米长的彩色巨鞋，急忙乐不可支地把自己“装”进去。荷兰是个低地之国，终年潮湿，很多地方都在海平面以下，早期的荷兰人真的穿着这种硬邦邦的木鞋劳作，防潮、耐磨。当然现在全成工艺品了。

在村里绕了两条“胡同”，走出巷口，前面豁然开朗，竟是一望无际的大海，海面非常平静，码头边整齐地停泊着许多小型帆船，海鸥高叫着飞翔，真美。这里的渔民早就不打渔了，政府投资的旅游让他们足以定居生

活。现在的船只竟是为游人预备的。不少城里人放假到这里住两天，坐在阳台上看看海上日落，随船出海钓鱼、兜风，是很放松的休息。

中午我们回到Emile的家，他家离城不远，是闹中取静的连排别墅，有个独立的小花园，社区环境不错。像Emile这样有固定职业的“中产”，虽然现今每月的税额比较高，但总体生活无忧，由于连续工龄长，退休后的福利也很可观。Ans身体不太好，国家对她也有一些补贴。

餐桌摆在花园的遮阳伞下，Emile和Ans像变戏法似的端出许多食品：富有弹性的海虾、带着甜味的基围虾、新鲜的北极贝、海蛎子、海鲜沙拉、各种鱼，还有小点心，太诱人了。就餐中，Emile特地放了一支中国歌手蔡琴的歌，还用诗一样的语言夸张地叙述着他与田梅的相识过程，我和二苗一个劲起哄，善良的Ans只是开心地笑，她知道自己的丈夫是个幽默的人。

晚上6点钟，我们到达机场，依依不舍地告别了Emile夫妇，顺利登上了中国民航。

飞机腾空的一刹那，我的视线模糊了。看着脚下的山川、河流、城市、乡村逐渐远去，远去，那是我们跋涉了40天的热土啊……欧洲之旅结束了，每个人都在心中种下了无尽的留恋。飞机义无反顾地窜上云端，把这一切毫

渔船待发

不犹豫地抛在翼下，向着东方飞去。

再见了，欧罗巴！

透支了体力，补充了心灵。欧洲40天是我们人生能量的一次集中补充，在相当长的一段日子里，足够我们享用了。

田梅小贴士

※ 从中国购买北欧的机票非常贵，以至于我们都想放弃这次去北欧的计划，但是如果从欧洲网站上出票，价钱就可能便宜许多，而且同样的航线，航空公司不同，起飞时间不同，价钱能相差数倍。有境外卡就可以直接刷卡购买。有一个网站能帮很大的忙：www.ebookers.com，网站列有各家航空公司的票价及时间，选择余地很大。

※ 卑尔根的旅游景点非常集中，出海码头也在附近，由于地方小，每年夏季来旅游的人非常多，所以一定要提前定旅店，否则临时根本找不到，只能住到其他数公里以外地区，离景点就太远了。

附录……

附录上我们的欧洲行程，签证时可以把你的行程呈送给使馆。

时间：2007.7.16—2007.8.24. 共40天

行程：

7月16日　北京-荷兰阿姆斯特丹（Amsterdam, Holland），空中行程约8100公里。飞行时间约10小时。

18：35(当地时间)到阿姆斯特丹，和北京时差6小时。

当晚入住：

Bicycle Hotel Van Ostadestraat 123, Amsterdam,

The Netherlands, 1072 SV

Tel: +31 (0)206793452

E-Mail: bicycle@amsterdamby.com

7月17日　租自行车游览市区的皇宫、中国城、红灯区、梵高博物馆、花市、运河区。

7月18日　租汽车，开车去海牙（The Hague），约60公里，海边享受海鲜，参观皇宫城堡、国际法庭。

7月19日　开车去美丽的羊角村（Giethoorn），约120公里，路经风车网群。

7月20日　经阿纳姆Arnhem（沿莱茵河）到德国科隆（Koln），165公里。

参观科隆大教堂、市政厅、莱茵河畔。

下午从科隆到法兰克福（Frankfurt），180公里。

住法兰克福火车站附近：

Quality Hotel Kaiserhof

Kaiserstrasse 62.

Tel:49-0-69235155

傍晚参观罗马贝格广场（Romerberg,老城中心）及商业街。

7月21日 前往并参观维尔茨堡宫(Wurzburg)，116公里。

从维尔茨堡宫到罗腾堡（Rothenburg ob der Tauber）。186公里。参观罗腾堡城、花园、陶伯河、黄昏灯火、礼品小店，品尝雪球。

入住罗腾堡:

Hotel Am Siebersturm (Bayern)

Spitalagasse 6. Rothenburg ob der Tauber 91541

Tel: 49-0-98613355

7月22日 经德国纽伦堡（Nurnberg）、奥地利林茨(Linz)，前往奥地利首都维也纳(Vienna)，约600公里。

参观市政厅广场、商业街。

晚上住Vienna Austria 维也纳朋友家，三夜。

7月23日 参观美泉宫花园、金色大厅、斯特劳斯雕塑公园。品尝维也纳最著名点心店的糕点，参观当地食品市场。

7月24日 参观维也纳郊外的维也纳森林，俯览多瑙河及整个维也纳城市。品尝著名咖啡店Cafe Landtmann的咖啡及点心。

7月25日 前往萨尔茨卡梅谷特（Salz kmmer gut）湖区。约300公里。途中参观Melk修道院（离维也纳约88公里处）

下午游览哈尔斯塔特（Hallstatt）

入住哈尔斯塔特，两夜。

Familie Seethaler

A-4830 Hallstatt. Dr.F.Mortonweg 22

Tel: +43-61348421

Fax: +43-61348421-4

E-mail : pension.seethaler@kronline.at

7月26日　前往沃尔夫冈湖(St. wolfgang), 沙夫山顶(schafberg) 约40公里。(能看德奥边境十四个湖)及月亮湖(mondsee), 福斯尔湖(Fuschless), 电影《茜茜公主》和《雪绒花》的拍摄地。

7月27日　前往奥地利萨尔斯堡(Salzburg), 60公里. 参观莫扎特故乡。萨尔斯堡最精华的大街Getreidegasse, 莫扎特故居9号。沿街能上到山顶, 到赫恩萨尔斯堡(Festung Hehen salzberg)。

下午前往德国奥勃若多夫(Oberaudorf), 离萨尔斯堡182公里。

入住汉斯家: (对外营业, 可欣赏巴伐利亚地区美丽的森林及山地风景)

Fam. Barbara Steinmuller.

Zimmerau2. 83080 Oberaudorf

Tel: 0049-0-80332210 . Barbara.steinmuller@qmx.de

7月28日　前往慕尼黑(Munich), 约84公里。

参观佛劳恩教堂(Frauenkirche)、王宫花园(Hofgarten)、夏宫。品尝德国啤酒和传统德国食品(肉肠配腌酸菜)。

入住慕尼黑:

Hotel am Markt

Heiliggeiststrasse 6 - 80331 Munchen

Tel:089-225014 Fax:089-224017

E-mail : hotel-an-markt.muechen@t-online.de

www.hotelinmunich.de

7月29日 前往菲森（Fussen）参观新天鹅堡，约191公里。

下午朝巴登·巴登方向前进。

晚上入住离菲森210公里处的城市Reutlingen:

City Hotel Fortuna Reutlingen（四星，40欧元/人）

Am Echazufer 22, 72764 Reutlingen

Tel: 07121924-0 Fax.: 07121924-444

7月30日 前往巴登·巴登（Baden-Baden）黑森林地区，约135公里。

参观巴登·巴登地区，夜住巴登·巴登 两夜

Hotel Wolfsschlucht

76530 baden-baden Ebersteinburg

Tel : 07221-22382 Fax:07221-22309

Attn: Lady Spialmann

7月31日 继续游巴登·巴登地区，参观Altes Schloss古堡，在Caracalla温泉馆泡澡。欣赏露天音乐会。

8月1日 前往法国里昂（Lyon），约538公里。

晚上住里昂城内。

8月2日 前往法国尼斯，经戛纳城，全程约472公里 。

下午逛尼斯，沿jean-Mdecin Avenue 走到漫步大街。英国大道（promenade Des Anglais），晚上海边品海鲜大餐，欣赏夜景。

入住：两夜。

Hotel Lyonnais

20 rue De Russie

Tel: 0033493887074

8月3日 乘火车去摩纳哥（Monaco）参观一天。半小时路程。四人来回车票22欧元。

8月4日 前往普罗旺斯地区，途经格拉斯(Grass)香水城（离尼斯约50公里），经韦尔东(Du Verdon)大峡谷（离尼斯约120公里）。

傍晚入住卡瓦荣镇（Cavaillon）（离尼斯约280公里），三夜。

Toppin Hotel

70 cours leon Gambetta, 84300 cavaillon

Tel: 0033-490713042.Fax: 0033-490719194

8月5日 参观普罗旺斯地区(Aix-en-Provence)附近的各个村落古城，鲁贝隆山区（luberon），采摘葡萄，在St.Remy镇参观梵高旧居。品尝《普罗旺斯的一年》中提到的奥泽（Auzet）面包店的特色面包。

参观大酒窖（Cave des producteurs Vouvray）.

8月6日 再次往返韦尔东大峡谷，路经L' sle水城, Fontaine de vaucluse 等镇子，

看卡瓦荣周末集市。

8月7日 游览阿维尼翁古城(Avignon) （离卡瓦荣27公里），参观古罗马遗迹——加尔大桥（Pont de Gard）。前往尼姆（Nimes ）（离阿维尼翁约45公里），参观古罗马遗迹——角斗场。

晚上5点从尼姆出发，走山路小道经Ales到法国中部的

自然保护区Florac镇（110公里）。

入住：

Grand Hotel du Parc.fr

48400 Florac

Tel: 0466450305. Fax:0466451181

www.grandhoteldupar c

8月8日　游览Florac镇，12：45出发经由Mende ，Rodez，到Brive，入住Limoges高速路附近的B&B 旅馆（约365公里）。

8月9日　途经Jaunay-Clan的“未来景象城”（135公里），到图尔（Tours）附近的Juoe镇（离Jaunay-Clan约105公里）。

入住：Hotel chantepie

6 rue Raymond poincare ,Joue Les tours 37300

Tel: 0247530609,

E-mail: chantepi@wanadoo.fr

8月10日　参观图尔（Tours）市，参观香堡chambore(佛朗索瓦一世堡）和雪瓦尼城堡Cheverny（家具最豪华的城堡）。各个景点都在方圆30公里内。

8月11日　参观大酒窖，Cave Des Producteurs De Vouvray，品各种葡萄酒。

参观Ambios堡。

8月12日　前往凡尔赛宫参观 (Versailles)，350 公里。

凡尔赛宫到巴黎（约22公里），参观巴黎圣母院。

晚上入住巴黎朋友家，四夜。

8月13日　白天游览协和广场、赛菲尔铁塔、凯旋门、香榭丽舍大街购物。

晚上看红磨坊式艳舞。

8月14日　参观卢浮宫。

晚上参观蒙马特（Mortmarte）高地的圣兴教堂。

8月15日　游览名人堂，卢森堡公园，巴黎著名百货商店“老佛爷”（La faleate）购物。

晚上乘船游览塞纳河。

8月16日　前往参观亚眠大教堂（Amiens），约133公里，两个半小时行程。

下午到Belgium Brussel比利时布鲁塞尔，约213公里，3个半小时行程。

参观米歇尔大教堂、雨果故居、市政厅、王宫、大广场、于连像。

入住布鲁塞尔：

Van belle Hotel

Chaussee de Mons 39 brussels

Tel：003225213540

8月17日　上午前往荷兰城市罗森达尔（Rossendaa）(约100公里），会见朋友，参观小镇。

下午前往阿姆斯特丹（约135公里），还车。

住阿姆斯特丹：

Hotel Stayokay Amsterdam zeeburg

Timorplein 21 amsterdam 1094 cc

Tel: 31-(0)-206392929

8月18日　会见朋友，市区购物。

晚上田小惠CZ346　20:55 飞北京，19号中午12:35到北京。

下午17：50 SAS 1550 主力部队飞哥本哈根，（两小时），晚上入住哥本哈根。

CAB Inn.

Vodroffsvej 55, 1900 Frederiksberg C

Tel: (+45)35361111 , Fax: (+45)35361114

8月19日 游哥本哈根。市政厅、议会大厦、花岗岩教堂、皇宫、美人鱼。

入住: Hotel Euroglobe

Address : Niels Ebbesens vej 20 ,Copenhagen DK-1911, Denmark

Tel: 45 3379 7954

Email : discount@hoteleuroglobe.dk

8月20日 早上6：20 SAS400 飞挪威卑尔根NORWAY, BERGEN（上午10：30到）

参观：卑尔根木房（世遗，德国商人造）。渔货市场，老城，前往世界峡弯之王“松娜峡弯”（世界最长最深）。自费游船，2小时，沿途美景无限。

入住Hostel:

Dorm.no Address : Kong Oscarsgt. 44 ,Bergen 5017, Norway

Tel: +47 98 23 8600

Email : post@dorm.no

8月21日 乘缆车上山俯瞰卑尔根全城及海峡。

21号下午17:40 SAS 280 卑尔根去挪威奥斯陆。1小时。

入住奥斯陆：

Hostel: Sentrum Pensjonat

Address: Tollbugaten 8 A ,Oslo 0152, Norway

Tel: 00 47 22 33 55 80

Email : post@sentrumpensjonat.no

8月22日 游奥斯陆：皇宫、市政府、国际剧院、古城、诺贝尔大厅。

下午 16：30 SAS 882 飞瑞士斯德哥尔摩（Stockholm Sweden）。

入住斯德哥尔摩：两夜

Hostel: Lodge32

Address: Hantverkargatan 32 ,Stockholm Sweden 11221, Sweden

Tel: +46(0)707329932

Email: info@lodge32.se

8月23日 游斯德哥尔摩：逛老城、市政厅(举行诺贝尔晚宴)，中午皇家卫队换岗仪、皇后大街、商业街购物。

8月24日 早上 7：35 SAS 1553 飞阿姆斯特丹。（两小时左右）。参观传统的荷兰小渔村(Marken)。中午到朋友家做客，整理行李。提前到机场办退税及免税店购物。

晚上20：55南航飞北京。

25号中午12：35到北京。